W0035283

Susanne Stöcklin-Meier

Spiel:

Sprache
des Herzens

Susanne Stöcklin-Meier

Spiel:
Sprache
des Herzens

Wie wir Kindern
eine reiche Kindheit
schenken

Mit Illustrationen von Liliane Oser

Kösel

Verlagsgruppe Random House FSC-DEU-0100
Das für dieses Buch verwendete FSC-zertifizierte Papier
Munken Premium liefert Arctic Paper Munkedals AB, Schweden

Copyright © 2010 Kösel-Verlag, München,
in der Verlagsgruppe Random House GmbH
Umschlag: Weiss Werkstatt, München
Umschlagmotiv: Corbis/Marc Rimmer
Innenillustrationen: Liliane Oser
Druck und Bindung: GGP Media GmbH Pößneck
Printed in Germany
ISBN 978-3-466-30874-3

Weitere Informationen zu diesem Buch und unserem gesamten lieferbaren
Programm finden Sie unter
www.koesel.de

Inhalt

Vorwort

Gedanken zum Kinderspiel

In meinem Jubeljahr, es ist das Siebzigste, kann ich auf über dreißig Jahre Sammeln von Versen, Kinderspielen, Märchen und Ideen zur Werteerziehung zurückblicken.

Schreiben, Spielen, Sprechen und Bewegung, das waren und sind meine großen Anliegen. Mich erfüllt große Dankbarkeit und Liebe zu den Menschen dieser Erde. Der köstlichste Entwicklungsabschnitt des kleinen Erdenbürgers liegt für mich zwischen dem Babyalter und dem Beginn der Grundschulzeit. Das Spiel ist die Lebensform des Kindes und gleichzeitig die Sprache seines Herzens. Es freut mich, dass meine Arbeit Kindern, Eltern und Erziehenden im In- und Ausland unzählige Anstöße für glückliche, spannende und geheimnisvolle Spielstunden gegeben hat und gibt.

Seit vielen Jahren befasse ich mich intensiv mit dem Thema Kinderspiel. Ich habe Kreisspiele und Kinderverse gesammelt, Spiele mit Papier und Tüchern zusammengetragen sowie einfache Spiele mit Blumen, Blättern und Gräsern oder Spiele für Geburtstagsfeste und kleine Patienten. In den letzten Jahren haben mich Spiele mit Farben, Märchen und Werten besonders interessiert. Durch das Spielen mit Kindern, Eltern und Lehrkräften, das Leiten von Fortbildungskursen und Spielseminaren bekomme ich immer wieder Material für meine Spiel- und Volksgutsammlung. Diese Impulse aus der Praxis geben mir konkrete Anregungen für meine Bücher.

In diesem Buch *Spiel: Sprache des Herzens* möchte ich mein Wissen und meine Erfahrung zum Thema Kinderspiel in seiner ganzen wunderbaren Vielfalt weitergeben und zusammenfassen. Ich wünsche allen Eltern, Großeltern und Erziehenden viel Freude beim Lesen und vor allem beim Spielen mit ihren Kindern. Möge das Verständnis für die spielerische Sprache des Herzens wachsen und gedeihen, zum Wohle der Kinder und zur Freude der Erwachsenen.

Spiel ist die Lebensform des Kindes

In den letzten Jahren bin ich immer wieder auf Klagen gestoßen wie: Unsere Kinder können nicht mehr schön und ausdauernd spielen. Sie räumen alles aus, verstreuen es und lassen es gelangweilt liegen. Das Aufräumen wird zum täglichen Kampf. Das Spielzeugangebot in den Geschäften ist zu groß, man weiß nicht mehr, was man kaufen soll. Was ist zu beachten?

Ein Kind spielt in seinen ersten sechs Lebensjahren rund fünfzehntausend Stunden. Es lernt die Welt spielend kennen. Deshalb ist es so wichtig, dass wir dem Kinderspiel wohlwollende Beachtung entgegenbringen. Kinder brauchen genügend Zeit, viel Platz, gutes Spielzeug, Zeug zum Spielen und andere Kinder zum Mitspielen.

Besonders in der heutigen Zeit, in der Kinder immer früher immer mehr Zeit vor Bildschirmen aller Art verbringen, sollten wir Raum, Zeit und Motivation schaffen für kreatives, selbstbestimmtes Spiel, in dem Kinder eigene Welten erschaffen und reale Erfahrungen machen – nicht virtuelle. Bei allen gut gemeinten Wünschen, Kindern schon früh Medienkompetenz zu vermitteln, und bei allen vollmundigen Werbebotschaften von Herstellern digitaler Medien und Computerspiele: Das »ganz normale« Spielen, das »altmodische« und »traditionelle« Spiel mit anderen bietet Kindern Erlebnismöglichkeiten und Erfahrungswelten, die weit vielfältiger, komplexer und förderlicher sind.

Spielen ist nie nur Zeitvertreib

Für Erwachsene ist die Kindheit oft ein fremdes Land. Der Schlüssel dazu ist das kindliche Spiel. Spielen heißt Freude, Geborgenheit, Zuwendung und Lernhilfe. Spielen bedeutet zunächst einmal erforschen, untersuchen, die Welt mit allen fünf Sinnen erfassen. Spiel ist Abenteuer, Glück und Unglück. Bewegungsfreude gehört genauso dazu wie Ausdauer, Sprache und Fantasie. Zudem trainieren Kinder dabei alle Muskeln von Kopf bis Fuß.

Werteentwicklung im Kinderspiel

Kinder entwickeln und erproben im Spiel: Spielregeln einhalten, mit Anstand gewinnen und verlieren, gemeinsam Probleme lösen, Konfliktfähigkeit, ausprobieren, wiederholen, üben, Varianten erfinden, Experimentierfreude ausleben, Freundschaften pflegen, zusammen Spaß haben, mit Regeln kämpfen und raufen, in verschiedene Rollen schlüpfen, Beweglichkeit und Koordination entfalten, das Gedächtnis trainieren, Achtung vor der Natur, Verantwortungs- und Glücksfähigkeit, Geduld, Hilfsbereitschaft, Ausdauer, Mut, Gewaltlosigkeit und Toleranz. Sie lernen, führen und geführt werden und Brücken vom Ich zum Du zum Wir zu bauen.

Ich werde oft gefragt: »Was haben Werte mit Spielen zu tun?« Da kann ich nur antworten: »Sehr viel!« Im Kinderspiel werden alle Bewegungen, Fähigkeiten, Sinne und die Sprache trainiert. Im Spiel liegt die Grundlage zur menschlichen Entwicklung. Auch soziale Umgangsformen werden im Kinderspiel eingeübt. Und weil echtes Kinderspiel spontan geschieht, mit Gefühlen verknüpft ist und immer wieder wiederholt wird, bleibt das Gelernte im Gehirn haften. Wir nehmen unsere eingeübten Muster mit ins Leben. Und wenn man sie später verändern will, braucht es bewusste Arbeit an sich selbst.

Kinder erfahren und entwickeln Werte im Spiel

Genauso wie mit dem Spiel verhält es sich mit den Werten: Auch sie entstehen ganz natürlich, spielerisch und nebenbei. Kinder erleben sie in der Familie, im Kindergarten, unter anderen Kindern, allein, zu zweit und in der Gruppe. Im Spiel erfahren sie Werte durch Beobachten, Nachahmen und eigenes Tun. Hier ein paar grundlegende Werte, die sie unbewusst im Kinderspiel erfahren können:

- Die bedingungslose Liebe der Eltern gibt ihnen Mut, Kraft und Selbstvertrauen.
- Wer geliebt wird, kann Liebe weitergeben an Eltern, Geschwister, Tiere, Spielsachen und Pflanzen.
- Nur wer selber genug hat, kann teilen!
- Durch gemeinsames Spiel entstehen Freundschaften, manchmal finden sich sogar Freunde fürs Leben!
- Echtes Lob motiviert.
- Unterscheiden zwischen »mein« und »dein«.
- Im Spiel Entscheidungen treffen.
- Wahrheit und Lüge erkennen.
- Streit und Versöhnung verstehen und leben.
- Den Unterschied von Langeweile und schöpferischer Kraft fühlen und praktizieren.
- Spielregeln einhalten oder neue aushandeln.
- Durch die Motivation und Faszination des Endproduktes beim Basteln und Gestalten, Ausdauer entwickeln und exaktes »Arbeiten« üben.
- Die Frustrationstoleranzgrenze erweitern.
- Sachgerechten Umgang mit Material lernen.
- Klar und eindeutig ausdrücken können, was man will und was nicht!
- Gefühle erkennen, leben, in Sprache fassen.

- Mit Anstand gewinnen oder verlieren.
- Sich in einem gemeinsam abgesteckten Rahmen einfügen und Regeln einhalten.
- Achtsam mit der Natur umgehen.
- Die »goldene Regel« befolgen: »Was du nicht willst, das man dir tut, das tu auch keinem anderen!«

Weil Kinderspiel und Werte sich so wunderbar ergänzen, finden Sie zu jedem Kapitel eine kurze Einführung, die auf den Punkt bringt, was Kinder gerade bei dieser bestimmten Art von Spiel erleben und entwickeln.

Wie verhalten sich spielfreudige Eltern?

Kinder fordern uns heraus, gemeinsam täglich neue Situationen zu erleben. Eine strikte Regel, wie sich Eltern im Idealfall benehmen, gibt es nicht. Doch Kinder erhalten Erwachsene mit ihren oft verblüffenden Spielideen jung und dynamisch!

Das spielende Kind ist gleichzeitig tätig und von Erlebnissen erfüllt. Die Trennung zwischen Arbeitszeit und Freizeit ist ihm noch fremd. Zumeist ist das Spiel des Kindes nicht von einem Ziel bestimmt; auch dort, wo es ein Ziel kennt, sind die Vorgänge beim Spielen ebenso wichtig wie das Ziel.

Im Spielen setzt das Kind alle seine Kräfte des Fühlens, Wollens und Denkens ein. Es ist mit Ernst und Konzentration beim Spielen. Spiel und Ernst sind wie Tun und Erleben für das Kind, in seiner Wahrnehmung handelt es sich nicht um einander abwechselnde Gegensätze.

Zum Spielen braucht das Kind all seine Wahrnehmungs- und Bewegungsmöglichkeiten, seine Intelligenz und seine Vorstellungskraft. Ob es nach seiner Fantasie gestaltet oder sich in Rollen der Erwachsenen hineinversetzt, bisweilen lässt das Kind durchblicken, dass es zwischen seinem Spiel und der Alltagswelt der Erwachsenen wohl zu unterscheiden weiß. Wenn wir Mitleid mit seiner Puppe zeigen, die sich im Spiel vielleicht verletzt hat, so kann es uns überrascht ansehen und sagen:»Es ist doch nur Spiel!« Zum Spielen gehört diese Gleichzeitigkeit der Fantasiewelt und der Erwachsenenrealität.

Im Spiel wird Erlebtes gestaltet, auch Entwicklungsschwierigkeiten und seelische Konflikte werden dabei verarbeitet. Das Kind schimpft zum Beispiel mit der Puppe, singt sie in den Schlaf oder lässt Playmobilfiguren streiten und kämpfen.

Gleichzeitig wird das Zukünftige, auf das hin sich das Kind entwickelt, wie die Tätigkeiten des Erwachsenen, vorweggenommen. Es wischt Staub, kocht Spaghetti, füttert die Schweine, spricht ins Handy und fährt mit dem Auto ...

Einfallsreichtum und Spontaneität gehören zum Spiel, wie etwa Höhlen bauen mit Schachteln und Tüchern oder sich Verkleiden und in verschiedene Rollen schlüpfen. Zum Spielen des Kindes gehört aber auch das Einhalten bestimmter Ordnungen und Regeln. Denken wir nur an Hüpfspiele, eine Perlenkette auffädeln, an das Papierfalten oder das exakte Ausmalen eines farbigen Mandalas.

Individualität und Gemeinschaftlichkeit werden im Spiel beide gefördert; es ist geprägt von der einmaligen Persönlichkeit des Kindes und von der Gesellschaft, von der Familie, von ihren Traditionen und Normen. Jedes Kind hat seine individuellen Vorlieben im Spiel, das eine spielt phasenweise nur mit Puppen, zieht sie ständig an und aus. Ein anders Kind spielt stundenlang Puzzles. Die Gemeinschaftlichkeit entwickelt das eine beim Tanzen und das andere im täglichen Rollenspiel.

Zum Spielen braucht das Kind entsprechenden Raum im Haus und in der Umgebung; es braucht dazu Zeit und Ruhe;

es braucht andere Kinder und Material. Das kindliche Spiel ist mit erzieherischem Zwang unvereinbar. Spielen ist eine dem Kind eigene Form zu leben.

Um glücklich zu sein, brauchen Kinder eine Atmosphäre, in der sie sich wohl fühlen können, und Eltern, die sie lieben und anerkennen. Aus dieser Geborgenheit wächst das Vertrauen der Kinder in ihr eigenes Können. Darum sollten wir Kinder nicht ständig kritisieren und verbessern. Auch übertriebenes Loben kann schädlich sein. Für die Kinder ist ein ernsthaftes, ehrliches Interesse an ihrem Spiel am besten. Lassen wir die Kinder immer wieder selber ausprobieren! Nur so können sie eigene Fähigkeiten entwickeln und selber Lösungen finden.

Am liebsten halten sich kleine Kinder in der Nähe der Mutter auf. Darum sollte ihr Spielplatz zuerst immer in Sichtweite sein, später genügt Rufweite.

Ein Kind, das ausdauernd spielen kann, wird sich später auch in eine Arbeit vertiefen können. Kinder sind leicht ablenkbar. Freuen wir uns, wenn sie versunken spielen, und stören wir sie so wenig wie möglich! Machen wir uns zur Grundregel: Solange Kinder eigene Spielideen haben, unterbrechen wir sie wenn möglich nicht!

Kinder brauchen auch Zeug zum Spielen

Kinder brauchen für ihr Spiel nicht immer Spielzeug. Oft verwenden sie auch »Zeug zum Spielen«. Kinder sind von Natur aus »Sachensucher«. Sie suchen und finden Gelegenheitsspielzeug wie Schnüre, Wäscheklammern, Tücher,

Schachteln und Papier, Haushaltsgegenstände. Gelegenheitsspielsachen müssen nicht von Dauer sein, sie werden ja vom Kind nur von Fall zu Fall mit ins Spiel einbezogen.

Dauerspielzeug wie Puppen, Eisenbahnen oder Konstruktionsmaterial sollte von guter Qualität sein, denn es muss größere Belastungen aushalten. Als Grundregel gilt: Kinder sollten nicht viele, häufig wechselnde, dafür aber hochwertige Spielsachen besitzen. Darum ist es wichtig, dass wir jede Spielzeugwahl bewusst treffen. Sie muss auf jeden Fall dem Alter und dem Interesse des Kindes entsprechen. Selbstgemachtes Spielzeug lieben Kinder oft noch mehr als gekauftes.

Gekauftes Spielzeug lässt sich für die Kinder aufwerten, indem wir dazu noch eigene Sachen beisteuern: Verkleidungskleider, Stöcklschuhe, alte Handtaschen, Tücher, Schachteln, Schnüre usw.  Zu Holztieren bastelt der Vater mit den Kindern einen eigenen Stall. Die Puppe wird zu Weihnachten mit selbstgenähten oder gestrickten Kleidern neu eingekleidet.

Kinder brauchen nicht das ganze Jahr alles Spielzeug griffbereit zu haben. Lassen wir Spielzeug, das längere Zeit nicht benutzt wird, auf dem Dachboden oder im Keller verschwinden. Bei Langeweile, im Sommer, an Regentagen oder im Winter holen wir es wieder hervor. Dann ist es für die Kinder wie neu! Ich denke etwa an Sandspielzeug, Kasperfiguren, den Kaufladen, Konstruktionsmaterial, Puzzles usw.

Wir sollten uns täglich Zeit nehmen, mit den Kindern gemeinsam etwas zu tun: Fingerverse spielen, Lieder singen, Papierfalten, Erzählen, Bilderbücher anschauen, einen Bauernhof besuchen, Kastanien sammeln, ein Schaufenster anschauen, eine Bahnfahrt oder einen Einkaufsbummel machen.

Kinder lernen durch Nachahmung

Kinder lernen vor allem durch das, was wir ihnen vorleben. Darum bereichert die Mithilfe im Haushalt oder im Garten das kindliche Spiel. Sie ahmen Mutter oder Vater nach beim Brotbacken, Kuchenteigrühren, Tischdecken, Katzefüttern, Wäschewaschen und -aufhängen, Blumengießen, Staubsaugen, Schuheputzen, Autofahren, Fußballspielen, Einkaufen oder Vögelfüttern usw.

Kinder brauchen andere Mädchen und Buben zum Spielen. Achten wir darauf, dass sie so oft wie möglich mit Spielgefährten zusammen sind. Auch wenn sich Erwachsene noch so »kindlich« verhalten, sie ersetzen einem spielenden Kind die mitspielenden Gefährten und Gefährtinnen nie!

Wir sollten die Spielsachen nicht in Mädchen- und Bubenspielzeug unterteilen und die Kinder damit in vorbestimmtes Rollenverhalten pressen, sondern ihnen das zum Spielen anbieten, was sie sich wünschen und was ihren momentanen Fähigkeiten entspricht.

Kleine Kinder unter drei Jahren sollte man nicht zwingen, ihre Spielsachen mit anderen zu teilen. Nur wer zuerst genug hat, kann später großzügig weitergeben und das Eigentum anderer respektieren. Lieblingsspielsachen gehören natürlich nicht zu dieser Kategorie, sie sollten dem jeweiligen Kind vorbehalten bleiben.

Leider sind die meisten Kinderzimmer heute sehr klein, und die Wohnungen bieten wenig Spielraum für die Kinder. Hinterhöfe, Gärten und Straßen zum Spielen sind rar geworden. Darum sollten wir den Kindern bewusst Platz zum Spiel einräumen. Auch wenn das die Küche, das Wohn- oder Elternschlafzimmer sein sollte. Kinder brauchen Spiel-Platz, um sich entfalten zu können!

Immer dieses Aufräumen

Lassen wir das Aufräumen nicht täglich zu einem Drama werden. Ohne unsere Hilfe räumen Kinder ungern auf. Erwachsene prägen durch ihre eigene Stimmung das Aufräumklima! Zeitdruck und Gereiztheit übertragen sich belastend auf die Kinder. Nehmen wir das Aufräumen täglich als gute Übung für einen gesunden Ordnungssinn und als Gemeinschaftserlebnis! Hier ein paar bewährte Motivationsanregungen:

■ Die Spielsachen unserer Kinder haben alle ihren bestimmten Platz: Die Puppen schlafen im Puppenwagen und ihre Kleider liegen in der Truhe. Die Bauklötze und die Eisenbahn sind in Aufbewahrungs-Boxen. Die Autos stehen auf dem Bücherregal usw.

■ Wir singen beim Aufräumen, dann geht's leichter, oder wir spielen »fleißige Ameisen«. Manche Kinder mögen »Einsammler« sein und legen alles, was auf dem Boden liegt, in eine Schachtel. Gemeinsam sortieren wir die Dinge in der Schachtel an den richtigen Ort.

■ Die Motivation zum Aufräumen vergrößert sich, wenn die Kinder wissen, was sie anschließend erwartet: ein Spaziergang, Sirup, eine Geschichte, Betrachten eines Bilderbuches.

■ In einer Kommode haben wir eventuell eine »Gerümpel-Schublade«, da kommen alle Kleinigkeiten hinein.

■ Die kleinen Kostbarkeiten kann man auch in einem »Schatzkästchen« aufbewahren.

■ Gesellschaftsspiele und Bilderbücher werden in einem separaten Schrank oder Regal aufbewahrt.

■ Von der Baustelle räumen die Kinder alles mit dem Lastauto weg.

■ Konstruktionen wie Höhlen, Türme, Eisenbahnanlage sollten Kinder mehrere Tage stehen lassen dürfen. Es genügt, wenn wir einmal in der Woche das Kinderzimmer gemeinsam gründlich aufräumen.

Spielen
im ersten Lebensjahr

Kinder entwickeln dabei: das erste Lächeln, lutschen, schauen auf Gegenstände, hören, greifen, spielen mit Lauten, spielen mit Fingerchen und Zehen, die Freude an Zärtlichkeiten und Spielversen, sitzen, robben und kriechen, sich hochziehen zum Stehen. Mit den ersten Schritten ist die Babyzeit vorbei. Ein neuer Abschnitt beginnt. Kindliche Aktivität, Lebensfreude und Spiel bleiben!

Das Baby ist da

Es ist jedes Mal ein kleines Wunder, wenn ein so winziges Wesen geboren wird. Es liegt scheinbar hilflos in seinem Bettchen, und doch ist es schon der Mittelpunkt der Familie. Es atmet, trinkt und verdaut, wird gebadet, gewickelt, gewogen und bestaunt. Der wichtigste Kontakt jedes Neugeborenen zu seiner Umwelt besteht im Saugen. Es empfindet beim Saugen Wohlbehagen. Seine Fingerchen umklammern dabei die Finger der Mutter, als ob es sie festhalten möchte. Das Baby reagiert auf grelles Licht und laute Geräusche mit Stirnrunzeln, Blinzeln und Schreien. Normale Geräusche im Haus stören das Baby nicht.

Das erste Lächeln, mit etwa sechs Wochen, ist ein großer Augenblick für die Familie! Es beginnt ein freudiger Austausch zwischen dem Säugling und den Menschen seiner Umgebung. Sie beeinflussen sich gegenseitig. Das Baby reagiert auf den Klang von Mutters Stimme und das Erscheinen ihres Angesichts in seinem Gesichtsfeld. Es erkennt sogar ihren Geruch. Die herzlichen Reaktionen des Kindes, Lächeln, Bewegen von Armen und Beinen und später sein Plaudern und Jauchzen, Weinen oder Schreien, veranlassen die Eltern, sich noch näher mit ihm einzulassen. Körperwärme, Berührung und Zärtlichkeit sind lebensnotwendig für den Säugling. Dadurch entwickelt er Vertrauen in seine Umwelt und Geborgenheitsgefühle.

Der Pädagoge Friedrich Fröbel, der 1840 den ersten deutschen Kindergarten gründete, hat den Ausdruck der »nachschreitenden Erziehung« geprägt. Sie lässt sich schon im Säuglingsalter anwenden. Beim aufmerksamen Beobachten des Kleinen merken wir, wohin sein Blick schweift, was es interessiert, aktiv werden lässt und freudig erregt. Beobachtetes können wir spielerisch wiederholen, seien das nun Laute oder Bewegungen. Durch diesen Dialog von Aktion und Reaktion mit dem Baby entsteht eine harmonische Mutter-Kind-Beziehung.

Diese »nachschreitende Erziehung« hilft uns auch, das Baby nicht zu überfordern. Zu viele Anregungen verwirren das Kind. Es besteht die Gefahr der ständigen Überreizung und Ablenkung. Darum sollte man dem Baby nie zu viel Spielzeug auf einmal anbieten. Ob das angebotene Spiel momentan goldrichtig ist für das Kleine, signalisiert es uns, indem es das Spielchen von sich aus unermüdlich und lustbetont wiederholt.

Apropos »Schreien lassen«: Die heutige Wissenschaft hat die Ansicht, ein Säugling könne durch zu viel Nähe und Zuwendung verwöhnt werden oder schlechte Gewohnheiten annehmen, längst widerlegt. Im Gegenteil: Säuglinge, die man von Herzen lieb hat, schützend im Arm hält und nicht unnötig lange weinen lässt, entwickeln sich zu selbstsicheren, unternehmungsfrohen Kindern, die später ein gutes Urvertrauen haben und weniger weinen.

Sicherheit wird großgeschrieben

- Ein Säugling darf nie längere Zeit allein gelassen werden.
- Alle Babyspielsachen müssen leicht zu reinigen sein; nur Spielzeug verwenden, das man waschen oder abwaschen kann.
- Das Baby steckt alle Spielsachen in den Mund. Sie müssen daher unbedingt farbecht und ungiftig sein. Die Lackierung von Holzspielsachen, auch farblose, darf nicht absplittern.
- Babyspielsachen sollten unbedingt fest gefügt sein, damit keine kleinen Teile herausgebrochen oder verschluckt werden können.

- Auf sorgfältige Oberflächenverarbeitung achten, denn das Baby untersucht alles mit den Lippen und der Zunge. Kanten bei Kunststoff oder rauen Holzteilen können das Kind verletzen.
- Vorsicht mit Knöpfen! Sie werden vom Baby nicht abgerissen, sondern abgedreht. Es hat ja Zeit und Ausdauer! Abgedrehte Knöpfe können natürlich verschluckt werden ...
- Lange Schnüre sollte man sichern, damit das Baby sie nicht »isst«.
- Über das Bettchen und den Wagen gespanntes Spielzeug nicht mehr verwenden, sobald das Kleine aufstehen kann, denn es besteht die Gefahr des Strangulierens.
- Sobald das Baby greifen und krabbeln kann, gefährliche Haushaltsgegenstände außer Reichweite bringen: Stecknadeln, Schrauben, Reißnägel oder kleine Teile vom Spielzeug der älteren Geschwister.
- Auch herunterhängende Tischtücher, elektrische Kabel und Bücherregale können im »Greifalter« gefährlich werden.

Schauen und Horchen

Jedes Kind hat seinen eigenen Rhythmus in der Entwicklung. Alle hier gemachten Altersangaben für bestimmte Entwicklungsschritte wie Greifen, Sitzen, Gehen, sind nur als Orientierungshilfe zu verstehen. Lassen Sie sich nicht durch Vergleiche unter Druck setzen. Stellen Sie sich Ihr Kind mit zwanzig Jahren vor. Wie wichtig ist dann noch, ob es einen Monat früher oder später laufen gelernt hat? In den ersten drei Monaten verbringt der Säugling die meiste Zeit schlafend. Er lernt, seinen Kopf alleine zu heben und verfolgt gegen Ende des zweiten Lebensmonats Gegenstände mit den Augen. Er lächelt und horcht auf menschliche Stimmen. Damit sich unser Liebling gut entwickelt, braucht er vielfältige Sinneserfahrungen: Sehen, Hören, Riechen, Schmecken, Greifen und viel Hautkontakt. In den ersten drei Lebensmonaten erfreut sich das Baby an Spielzeug zum Schauen und Horchen. Wir hängen ihm einen farbigen Luftballon über das Bettchen. Auch bunte Mobiles die sich leise im Luftzug bewegen, erfreuen die Kleinen. Wichtig ist, dass wir diese Objekte ab und zu auswechseln. Sie regen das differenzierte Schauen an.

Auch das Gehör des Kindes entwickelt sich weiter. Mit etwa zwölf Wochen dreht das Baby im Bettchen den Kopf von einer Seite zur anderen, wenn es den Klang einer Rassel hört. Dieses Spiel gefällt ihm so sehr, dass es sogar freudig mit seinen Beinchen strampelt. Nun ist das Kind so weit entwickelt, dass es auch Spielzeug braucht.

Spielimpulse für das erste Halbjahr

- Beim Wickeln spaziert die Bezugsperson mit dem Zeige- und dem Mittelfinger von den Füßen des Babys bis zum Bauch und kitzelt es leicht. Sie spricht dazu kleine Verse wie:
- Da kommt ein Bär, er tappt daher und fragt: Wer ist mein Kindchen, wer?
- Kleine lieben, wenn wir rhythmisch auf ihre Fußsohlen klopfen mit Versen wie:

- Bim, bam, beier, die Katz mag keine Eier!
- Eltern streichen dem Kind zuerst dreimal sanft über die Handinnenfläche, dann kitzeln und »kraulen« sie, zuletzt geben sie einen humorvollen Klaps darauf, dabei sprechen sie: Langer Weg, breiter Weg, kribbel kabbel krabedi-krabb.
- Lassen wir das tägliche Bad zu einer genüsslichen Spielzeit werden. Nach dem Bade versuchen wir, dem Säugling zwischen Kinn und Schulter an den Hals zu blasen. Trifft unser Atemstrom auf diese empfindliche Hautstelle, wird das Kleine in helles Lachen ausbrechen.
- Lassen wir zum Vergnügen des Säuglings die Schlüssel am Schlüsselbund leise kreisen. Das Rasseln und Klingeln der Schlüssel entzückt das Kleine.
- Spricht der Erwachsene das Baby mit freundlichen, liebevollen Worten an, wird es zum Plaudern angeregt. Also sprechen wir viel mit unserem Liebling, nicht zu laut und nicht zu leise. Er wird uns zulächeln und als Antwort freudig zappeln und jauchzen. Beim Sprechen immer Augenkontakt halten!
- Wir machen mit dem Baby auf dem Arm täglich einen »Sprachspaziergang« durch die Wohnung. Wir zeigen ihm Pflanzen, bunte Gegenstände, Haustiere, 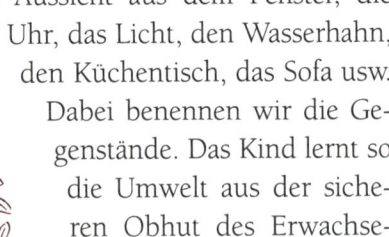 die Aussicht aus dem Fenster, die Uhr, das Licht, den Wasserhahn, den Küchentisch, das Sofa usw. Dabei benennen wir die Gegenstände. Das Kind lernt so die Umwelt aus der sicheren Obhut des Erwachse-

nen kennen und prägt sich so nebenbei, spielerisch und unbewusst die ersten Worte ein.

- Wir tanzen zu leiser Musik mit dem Baby auf dem
  Arm sanft durchs Zimmer. Oder wiegen das Baby
  zärtlich zu alten Wiegenliedern.
- Musikdosen: Für viele Babys und Kleinkinder ge-
  hört die liebliche Melodie eines Kinderliedes aus
  der Spieldose zum Einschlaf-Ritual. Locken die
  Töne von »Schlafe, mein Prinzchen, schlaf ein«
  oder »Weißt du, wie viel Sternlein stehen?« das
  Sandmännchen ins Kinderzimmer?
- Wir stellen den Säugling im Wagen unter einen
  Baum, damit er die sich im Winde wiegenden Blät-
  ter beobachten kann.
- Halbjährige rascheln gerne mit Papier.
- Das Laufgitter dient als attraktive Spielwiese, wenn
  wir täglich für eine Spielstunde nur bestimmte
  Lieblingsspielsachen anbieten.
- Sobald das Baby sitzen kann, binden wir Spielzeug
  zum Staunen, Hören und Greifen an die Gitterstä-
  be. Später benutzen Kleinkinder das Laufgitter als
  Turngerät: An den Stäben üben sie Klimmzüge,
  eine gute Vorübung zum Stehen und Gehen.

Krabbeln, Schieben, Nachziehen

Die Freude an der Bewegung im zweiten halben Jahr ist
groß. Das Kind entdeckt die Zehen zum Spielen. Es dreht
sich alleine vom Rücken auf den Bauch und beginnt, in der
Bauchlage mit Gegenständen zu spielen.

Sobald es allein sitzen kann, bestaunt es die Welt aus einem neuen Blickwinkel. Das Kind greift nun zielsicher mit der ganzen Handfläche nach seinen Spielsachen. Es ist für das Kleine ein großer Fortschritt beim Greifen, wenn es Dinge absichtlich wieder loslassen kann. Jetzt macht ihm das Wegwerfen von Gegenständen Spaß! Es tut das nicht, um uns zu ärgern, es übt das Loslassen, sich kurz von etwas zu trennen.

Ab sechs bis neun Monaten fassen Kleinkinder Spielsachen mit Daumen und Zeigefinger an, wechseln sie von einer Hand in die andere und halten sie manchmal schon mit beiden Händen fest. Haare, Schmuck und glänzende Brillen sind in dem Alter begehrenswerte Spielobjekte, die sie an Mama und Papa entdecken.

Das Kleine beginnt nun zu kriechen. Interessantes Spielzeug verlockt zum Robben und Krabbeln. Die Babys werden immer beweglicher und geschickter. Sie lernen nicht nur sitzen, krabbeln und sich aufrichten, sie entdecken das freie Stehen und beginnen vielleicht schon zu laufen. Die ersten Schritte sind ein großes Ereignis. Eltern und Kind sind stolz, auch wenn die ersten Gehversuche noch so tollpatschig sind! Ein neuer Lebensabschnitt hat begonnen, aus dem Baby ist ein gehender Mensch geworden, der anfängt, das Haus und die nähere Umgebung zu erforschen.

Spielimpulse
für das zweite Halbjahr

- Der Ball ist ein ideales Spielzeug. Das Baby lernt durch ihn, sich spielerisch von etwas zu trennen, das sofort wieder zurückkommt. Festhalten und Loslassen sind wichtige Grunderfahrungen. Wir rollen dem Kleinen den Ball immer wieder zu, bis es das Spiel vergnügt aufgreift und ihn bewusst zu uns zurückrollt.

- Jetzt reagieren Kinder begeistert auf die Wiederholung von kleinen Gesten. Zum Vergnügen der Umgebung ahmen sie freudig alles nach. Wir spielen »Nein-nein-Sagen« und schütteln den Kopf dazu. Wir winken »ade-ade« als Aufforderung zum Spaziergang, machen »bitte-bitte« und »So groß bin ich!«. Als Zeichen der Freude klatschen wir in die Hände und sagen »freu dich – freu dich«. Wir patschen mit den Händen den Rhythmus eines Liedes auf den Tisch und bekommen sofort kindliche Unterstützung!

- Gegen Ende des ersten Lebensjahres freuen sich Kinder über Versteckspiele. Die Erfahrung des Verschwindens und Wiederauftauchens einer Bezugsperson ist wichtig. Wir verstecken uns kurz hinter dem Vorhang, der Türe oder dem Sessel. Unser Auftauchen wird vom Kleinkind freudig bejubelt.

- «Guck-guck, da-da!» können Kleine endlos spielen. Wir variieren dieses alte Tuchversteckspiel mit Windeln, Waschlappen, Frottiertuch oder Vorhang. Der ganze Trick besteht darin, dass wir den Kleinen kurz das Gesicht verdecken und beim Wegziehen des Tuches »Guck-guck, da-da!« rufen. Fortgeschrittene übernehmen die Führung und spielen mit uns »Guck-guck, da-da!«.

■ Sobald das Kind ein Spielzeug kriechend erreichen kann, spielen wir: »Bring mir bitte den Ball!« oder »Wo hast du die Puppe?« Es ist erstaunlich, wie schon Kinder, die noch nicht sprechen können, zielsicher den richtigen Gegenstand holen!

■ Vom »Vierfüßler« zum »Zweibeiner« ist ein großer Entwicklungsschritt. Die Kinder brauchen unsere Hilfe dazu. Wir halten sie an beiden Händen und unterstützen die ersten Gehversuche mit Versen wie:

Ich bin ein kleiner Pumpernickel,
ich bin ein kleiner Bär,
und wie mich Gott erschaffen hat,
so zottle ich daher.

■ Wenn das Kind frei stehen kann, breiten wir die Arme aus und entlocken dem kleinen Tollpatsch mit dem Ausruf »Komm in mein Häuschen!« die ersten Schritte.

■ Als Nachziehspielzeug knüpfen wir eine Schuhschachtel oder eine Kartondose an eine Schnur. Achtung: Wenn das Spielzeug irgendwo hängen bleibt, lassen die Kleinen die Schnur normalerweise nicht los und fallen beim Ruck um. Knüpfen wir als Griff eine hölzerne Kugel, Durchmesser etwa 3 cm, ans Ende der Schnur, gleitet der Griff bei einem Ruck wie von selbst aus der Kinderhand.

Die ersten Bilderbücher

Kinder entwickeln dabei: sprachliche Ausdrucksfähigkeit, Dinge, Begriffe und Worte miteinander verknüpfen, Abstraktions- und Symbolfähigkeiten, sprechen und Verständnis für die Wort- und Bildersprache, Lernbereitschaft, Neugierde und Nachahmung, Bilder, Töne und Formen wahrnehmen, zuhören, anschauen, »mitplaudern«. Regelmäßige »Bücherzeit« fördert die Liebe zum späteren Lesen.

Es ist erstaunlich, wie interessiert schon kleine Kinder auf Bilderbücher reagieren! Die ersten Bilderbücher sollten nur Gegenstände zeigen, die das Kind schon kennt. Auf jeder Seite sollte ein Sujet erkennbar sein: Spielsachen etwa, wie eine Puppe, ein Ball oder ein Auto. Auch Gegenstände aus dem Haushalt sind beliebte Anschauobjekte: ein Bett, ein Tisch, ein Teller mit Brei, ein Pullover. Auch Umweltbilder erkennen Kinder: ein Haus, einen Baum, eine Blume, einen Hund, eine Katze, die Sonne oder den Mond.

Schon die ersten textlosen Bilderbücher fördern die sprachliche Ausdrucksfähigkeit des Kindes, wenn sie gemeinsam mit Erwachsenen oder älteren Geschwistern angeschaut werden: Abgebildete Gegenstände werden benannt, dadurch lernt das Kind Dinge, Begriffe und Worte miteinander zu verknüpfen.

Wir nehmen das Kind auf den Schoß und erzählen ihm zu jedem Bild etwas. Bald wird es bestimmte Bilder erkennen und »mitplaudern«! Kinder lieben Tierlaute oder Geräusche von Fahrzeugen. Das Feuerwehrauto macht etwa »düdo, düdo!«. Der Hund macht »wau, wau!« und die Katze »miau, miau«. Wenn das Kind ins erste Fragealter kommt, spielen wir »Wer ist das?« oder »Was ist das?« und suchen und benennen im Bild gemeinsam Figuren oder Gegenstände. Bilderbücher fördern das Denken, Sprechen und das Verständnis für die Bildersprache. Sie begleiten Kinder in gesunden und kranken Tagen. Sie beflügeln die Fantasie. Außer realen Umwelterzählungen bringen sie später auch Fantasiegeschichten, Märchen, Sagen und Fabeln ins Kinderzimmer. Bücher regen an zum Tun. Kinder spielen die Geschichten mit ihren Puppen und Tieren nach. Das Bauen und Konstruieren erhält neue Impulse. Im »Kleine-Welt-Spiel« verarbeiten Kinder oft erlebte Bilderbuch-Geschichten und stellen sie dreidimensional dar.

Achtung: Ein Kind, das mit seinen Bilderbüchern immer allein gelassen wird, erhält sprachlich zu wenig Anregung!

Die Lernbereitschaft der Kinder, die angeborene Neugierde und die freudige Bereitschaft zur Nachahmung treiben jedes gesunde Kind dazu, seine Umwelt zu erforschen. In den ersten Lebensjahren will das Kind alles angreifen und selbst erproben. Es erfährt die Welt dabei mit seinen Sinnen. Die ersten sinnlichen Erfahrungen stellen die unentbehrliche Grundlage für seine Entwicklung dar.

Je mehr sinnliche Erfahrungen Kinder in den ersten Lebensjahren mit ihrer Umwelt machen können, umso reicher wird ihr Schatz an Begriffen, umso besser verstehen sie die ersten Verse, Kniereiterspiele, Kosereime und kurzen Geschichten, umso interessierter wenden sie sich den ersten Bildern im Bilderbuch zu.

Viele Eltern, die ein Baby haben, fragen sich: »Ist mein Kind nicht noch viel zu klein für Bücher?« Es ist natürlich noch zu klein, um selbst zu lesen. Aber für das gemeinsame Bucherlebnis ist es nie zu früh! Das Kind kann schon sehr früh Bilder, Töne und Formen wahrnehmen und ist neugierig auf alles, was in seiner Umgebung geschieht. Kinder lieben Gedichte, Lieder und bunte Bilder. Sie helfen ihnen beim Sprechen lernen. Indem Sie mit Ihrem Kind regelmäßig singen, Fingerspiele spielen und Bücher begucken, wird die Sprachentwicklung Ihres Kindes ganz natürlich gefördert.

Besonders geeignete Bücher für Babys und Kleinkinder sind:

- Bilderbücher mit großen, klaren Illustrationen.
- Fotobände und Bücher mit Bildern von Alltagsgegenständen.
- Bücher über »erste Erfahrungen«, z.B. ein Besuch beim Bäcker, im Zoo oder die Übernachtung bei den Großeltern.
- Klapp-, Tastbücher und Pop-up-Bücher.
- Später sind Sachbücher beliebt mit Themen wie »Das sind wir«, »Bauernhof«, »Besuch im Kindergarten«, »Komm, spiel mit uns!« und erste einfache, kurze Geschichten.

Spielimpulse

- Geben wir unseren Kindern die Chance, schon vom ersten Lebensjahr an mit Büchern und Geschichten aufzuwachsen! Wir unterstützen damit ihre sprachliche Entwicklung.
- Babys entdecken erste Bücher aus Stoff, Holz oder Karton. Sie befühlen sie, blättern darin oder beißen hinein. Nutzen wir dieses kindliche Interesse am Spielobjekt Buch und beginnen, mit dem Baby zusammen Bilderbücher anzuschauen.
- Für den Anfang reichen drei, vier Bilderbücher. Die Kleinen wollen immer wieder die gleichen anschauen und erzählt haben. Ich habe letzthin einen Großvater beobachtet, der mit seinem eineinhalbjährigen Enkelkind ein Bilderbuch anschaute. Die Kleine wollte das Buch immer wieder hören. Wenn es fertig war, sagte sie »Eins!«, klappte das Buch zu und drückte es dem Großvater wieder in die Hand. Das sollte heißen: Noch einmal erzählen! Und das Spiel ging wieder von vorne los.
- Sprechen oder singen Sie passende Verse und Reime zu den Bildern mit Ihrem Kind. Wenn eine Ente zu sehen ist, singen Sie zum Beispiel jedes Mal an dieser Stelle: »Alle meine Entchen schwimmen auf dem See, schwimmen auf dem See, Köpfchen unters Wasser, Schwänzchen in die Höh'.«
- Am Ende des Bilderbuches spielen Sie: »Die Geschichte ist aus, da läuft eine Maus! Hat ein rotes

Röcklein an, pass auf, dich springt's an!« Dazu wird mit dem Zeigefinger auf das letzte Bild geklopft und dann kitzelt er als »Mäuschen« den kleinen Zuhörer.

■ »Bücherzeit« – wie oft und wie lange soll man mit Kindern Bücher anschauen? Am besten jeden Tag zur selben Zeit, wenn das leicht möglich ist, damit sich das Kind an das kleine Ritual gewöhnt. Am Anfang sind fünf bis zehn Minuten optimal. Vier- bis Fünfjährige genießen problemlos eine halbe Stunde. Die Regelmäßigkeit ist wichtiger als die Dauer! Meine Geschwister und ich durften als Kinder jeden Mittag nach dem Essen eine halbe Stunde auf dem Bett liegen und Bilderbücher anschauen. Für mich war das immer etwas ganz Besonderes. Ich erinnere mich noch genau an die Glücksgefühle, die die Bilderbücher in mir auslösten!

■ Wenn die größeren Kinder Lust haben, können sie die Geschichten der Bilderbücher auch »aufschreiben«. Sie drücken mit dem Stift aus, was sie beim Erzählen, Zuhören und Anschauen erlebt haben.

■ Die ersten Fragen des Kindes beginnen im zweiten Lebensjahr. Sie beziehen sich meistens auf das Kennenlernen von Namen und Bezeichnungen von Gegenständen, Tieren und Menschen. Es ist ganz wichtig, dass Erwachsene diese Fragen ernst nehmen und Zeit haben, sie zu beantworten. Sonst verlieren die Kinder vielleicht den Mut, weiterzufragen. Und das wäre nicht nur für ihre Sprachentwicklung ein großer Verlust.

Bewegungsspiele in der Wohnung

Kinder entwickeln dabei: körperliche Aktivität, Freude an Bewegungsspielen mit den Eltern, soziales Vertrauen, Bewegungsabläufe von Kopf bis Fuß, Vertrauen in die eigene Kraft, Sicherheit, Geborgenheitsgefühle, Fein- und Grobmotorik, Gleichgewicht, Spaß beim Gehen, Hüpfen, Kriechen, Robben und Springen.

Herumtollen mit Eltern und Erziehern bereitet große Freude. Besonders in den ersten drei Lebensjahren lieben Kinder das Bewegungsspiel mit den Erwachsenen. Die Freude am gemeinsamen Bewegen vertieft nicht nur familiäre Beziehungen, sondern bietet auch den Erwachsenen die Möglichkeit, körperlich aktiv zu sein. Viele gemeinsame Bewegungsspiele ergeben sich dadurch, dass die Erwachsenen die Spielanregungen der Kinder aufgreifen und selbst Vorschläge machen. Hier ein paar Beispiele der einfachsten Bewegungsspiele, die in jeder Wohnung problemlos gespielt werden können.

Brücke: Der Erwachsene stützt sich mit Händen und Füßen auf dem Boden auf und wölbt den Rücken hoch. Das Kind versucht einmal durchzukriechen, das nächste Mal darüber zu klettern.

Springen: Das Kind springt aus geringer Höhe mit Hilfe des Erwachsenen zu Boden und wieder zurück. Oder das Kind springt von einem Sofa, einem Stuhl oder einer Treppe in die Arme des Vaters.

Schaukelarm: Das Kind klammert sich am Arm des Erwachsenen fest und lässt sich schaukeln.

Fliegerspiel: Das Kind schlingt die Arme um den Hals des Erwachsenen und wird von ihm in die Waagrechte hochgehoben. Der Erwachsene hält das Kind an der Hüfte und dreht sich dabei langsam.

Spiegelbild: Das Kind versucht die Bewegungen des Partners nachzuahmen und umgekehrt.

Hochklettern: Das Kind bemüht sich, am Körper des Erwachsenen so weit wie möglich hochzuklettern, und wird dabei an den Händen festgehalten.

Reiterspiel: Das Kind sitzt mit gegrätschten Beinen auf dem Rücken des Erwachsenen. Während der Erwachsene auf allen Vieren kriecht, führt er verschiedene Bewegungen aus: Er lässt den Reiter leicht zur Seite kippen, er krümmt und streckt den Rücken und dreht sich um seine eigene Achse. Das reitende Kind muss dabei das Gleichgewicht halten.

Schubkarren fahren: Das Kind geht mit den Händen auf dem Boden und wird an den Beinen gehalten. Achtung: Bitte nur ein paar Minuten »Schubkarren fahren«, denn die Gelenke der Kinder sind noch nicht sehr stabil!

Einander auf die Zehen steigen: Eine vergnügliche Übung der Reaktionsfähigkeit. Im zweiten Schritt lässt der Erwachsene das Kind auf seine Schuhe steigen und läuft mit ihm »vollautomatisch« durch die Stube. Mein Vater hat dieses kleine Bewegungsspiel mit mir gemacht. Ich kann mich noch gut an das Glücksgefühl erinnern, das mich bei dieser sonderbaren Gehart durchrieselte, ja sogar an den Geruch seiner Kleider.

Fußkräftigung: Jeder bekommt eine Zeitung. Wer kann sie am schnellsten mit den nackten Zehen in kleine Stücke reißen? Wer kann die Zeitungsstücke mit den Zehen fassen und in den aufgestellten Papierkorb werfen?

Spielsachen
zum Liebhaben

Kinder entwickeln dabei: Liebe, Empathie, Zuwendung geben und nehmen, trösten, Gefühle äußern, Zwiegespräche führen, Freundschaften pflegen, sich verkleiden und beim Tun »als ob« in andere Rollen schlüpfen, Alltagstätigkeiten wie an- und ausziehen, waschen, putzen, kochen usw. Leben in Gemeinschaft und soziales Verhalten.

Alle Kinder brauchen Spielzeug zum Liebhaben. Puppen und Stofftiere eignen sich besonders gut dazu. Im Spiel mit ihnen lernen die Kleinen, ihre Gefühle zu äußern. Sie können diese Spielgefährten mit zärtlicher Zuneigung überschütten, sie in den Schlaf wiegen, herzen, aber auch ausschimpfen. Da Kinder einer Puppe oder einem Teddy manchmal mehr anvertrauen als einem Erwachsenen, sollten wir ihre Zwiegespräche respektieren und möglichst nicht stören.

Puppen sollten nur so groß sein, dass man sie überallhin mitnehmen kann. Puppen bis zu einer Größe von etwa 50 cm empfinden Kinder als eigene »Kinder«.

Puppen und Stofftiere sind für Mädchen und Buben Freunde und Vertraute, lange bevor sie freundschaftliche Beziehungen zu anderen Kindern anknüpfen. Sie teilen über

Jahre Freude und Kummer der Kinder und spenden ihnen Trost und Sicherheit beim Einschlafen. Sie helfen ihnen, Verlassenheitsgefühle zu überbrücken. Darum sind Spielsachen zum Liebhaben nicht nur für Mädchen wichtig, Jungen haben sie genauso nötig!

Im Puppenspiel ahmt das Kleinkind nach, was es selber erlebt. Kinder sind gute Beobachter. Oft sind Eltern oder Erziehende überrascht, wie genau ihr eigenes Verhalten im Spiel der Kinder wieder auftaucht. Kinder tun »als ob«, sie schlüpfen im Spiel in eine andere Rolle. Beim Nachahmen »kopieren« sie Verhalten und Handlungen der Menschen ihrer Umwelt. Sie übertragen menschliche Aktivitäten auf Spieldinge; Puppen und Teddybären werden gefüttert, gekleidet, schlafen gelegt, gewaschen, frisiert, ausgefahren, getauft usw. Puppen und Stofftiere brauchen ihre Fürsorge und Pflege. Auf diese Weise erleben Kinder soziales Verhalten und verarbeiten eigene Erlebnisse, Ängste und Wünsche, bauen Zuneigungen auf und üben sich im Rollenspiel.

Wer erinnert sich nicht an seinen ersten Teddybär oder Plüschhund? Keine Angst vor »Verweichlichung«! Kinder, die über Jahre mit ihrem geliebten Teddy spielen, ihn täglich mit ins Bett nehmen, auch wenn sie schon zur Schule gehen, werden trotzdem, oder gerade deswegen, reife Männer und Frauen mit Gemütstiefe und Bindungsfähigkeit.

Wir sollten froh sein, wenn unsere Kinder ein Spielzeug mit großer Intensität über lange Zeit lieben. In unserer schnelllebigen Zeit werden dauerhafte, zwischenmenschliche Beziehungen und sorgfältiger Umgang mit Material immer wichtiger. Geliebte Stofftiere und Puppen können in der Entwicklung eines Menschen eine Hilfe dazu sein. Kindliches Spiel ist gleichzeitig ein unbewusstes Einüben für spätere Tätigkeiten und Verhaltensweisen im Erwachsenenleben.

Spielimpulse für die Puppenecke

Wenn wir als Eltern oder Erziehende alltägliche Erlebnisse ins Puppenspiel der Kinder einbringen, können wir ihnen helfen, es noch lebendiger zu gestalten:

- Wenn ein Geschwisterchen kommt, lehren wir die Puppeneltern Babypflege: wickeln, baden ...
- Auch eine Puppenwäsche will gelernt sein: Wäsche nach Material und Farbe sortieren, einweichen, durchdrücken, spülen, auswringen, aufhängen, eventuell bügeln.
- Einfache Speisen »richtig« kochen und backen: Suppen, Fruchtsalat, Käsekuchen, Brötchen usw.
- Kinder sind stolz, wenn sie mit ihrer Puppenfamilie im Garten ein Picknick veranstalten dürfen. Sie packen mit Wonne das Picknick in einen Rucksack und fahren mit dem Puppenwagen und einer Wolldecke zum »Picknickplatz«.
- Wie wär's heute mit einer Puppeneinladung oder einem Geburtstagsfest? Auch Hochzeit und Puppentaufe sind beliebte Aktionen.
- Ein Arztkoffer und Verbandszeug kann tagelanges Spiel auslösen: Puppenkinder verarzten, Ambulanz spielen ...
- Kindergarten- und Grundschulkinder spielen mit ihren Puppen und Spieltieren gern Vorlese- oder Bilderbuchgeschichten nach.
- Mit Haarbürsten, Kämmen, Spangen und Schleifen, Schals und einem Spiegel richten sich Kinder einen Frisiersalon ein.

Spielen im Sand

Kinder entwickeln dabei: gestalterische Möglichkeiten, schöpferischen Umgang mit dem Element Sand, das Hantieren mit Werkzeugen, befreiendes Zerstören, Kontaktaufnahme mit anderen Kindern, Rücksicht nehmen, hilfsbereit und vorsichtig sein, sich durchsetzen, sich schmutzig machen und sich anschließend reinigen.

Backe, backe Kuchen, der Bäcker hat gerufen:
Wer will guten Kuchen backen,
der muss haben sieben Sachen:
Eier und Schmalz, Butter und Salz,
Milch und Mehl,
Safran macht den Kuchen gel(b)!

Tief ins Spiel versunken klopft der kleine Bäcker mit seinen Patschhändchen den Sand fest in die Kuchenform. Er singt: »Backe, backe Kuchen ...« Gespannt stürzt er das Gebäck auf den Sandkastenrand. Wahrhaftig, der Kuchen löst sich unbeschadet aus der Form. Jetzt überpudert er das Gebilde sorgfältig, indem er das Sandsieb mit beiden Händen schüttelt. Feiner Staub rieselt über den Kuchen. »Wer möchte ein Stück Geburtstagskuchen essen?«, lacht er in die Runde. Mit der Sandschaufel sticht er beherzt ein Stück ab und isst es genüsslich, natürlich nur zum Schein. Er wischt mit der Hand den Rest der Torte in den Sandkasten zurück: Das Kuchenbäckerspiel beginnt von vorn.

Das Sandspiel ist wohl eines der ältesten und beliebtesten Kinderspiele der Welt. Mit Sand und Wasser spielen Kinder intensiv, schon ab zwei Jahren. Das Sandspiel bleibt bei Mädchen und Buben aktuell bis weit ins Schulalter hinein.

Kinder erleben dieses Naturmaterial über all ihre Sinne: Sand ist gelblich, rötlich, grau, hell, dunkel, warm, kalt, fein, weich, körnig, grob, feucht, nass, trocken, er rieselt, knirscht, ist matschig.

Sand lässt sich in die Hand nehmen, mit Wasser vermengen und formen. Alles, was aus diesem Material gestaltet wird, ist leicht veränderbar.

Eine Straße wird zum See umgeformt, zu einem Berg aufgeschüttet, in ein Tal verwandelt, mit Sandformen zu Kuchen geklopft, flachgewalzt, mit Reliefs bedruckt, oder es werden mit den Fingern Zeichnungen eingeritzt. Das »Glück des Augenblicks« hat Vorrang – nicht das Resultat ist wichtig, sondern das spielerische Tun!

Spiele im Sand bieten Grunderfahrungen mit diesem Naturelement durch eigenes Ausprobieren. Die Kinder sehen, wie Hand- und Fußabdrücke entstehen. Füße und Hände können im Sand begraben werden. Die Hände wühlen im Sand wie Maulwürfe und graben Gänge oder bohren Tunnels durch die Sandberge. Mit der flachen Hand oder dem Fuß wird der Sand festgestampft.

Mit allen fünf Fingern lässt sich der Sand rechen. Mit dem Zeigefinger kann man Löcher hineindrücken.

Wer versucht, Sand auf dem Handrücken zu balancieren oder ihn in der Handfläche zu transportieren? Es bereitet den Kindern Spaß, den Sand durch die Faust, in oder auf die andere Hand rieseln zu lassen.

Das Burgenbauen im feuchten Sand ist eine Vorform des Modellierens. Erkunden, Erproben und spielerisches Experimentieren mit Sand sind elementar wichtige Erfahrungen, die Kinder für eine gesunde Entwicklung nötig haben. Außerdem löst das Material durch seinen angenehmen Greif- und Gleiteffekt beim Kind Lustgefühle aus, ein Umstand, der für gehemmte Kinder Therapieeffekt hat und bei gesunden wohliges Sein auslöst.

Sand und Wasser gehören zusammen. Es braucht in der Nähe des Sandkastens unbedingt eine Wasserquelle, einen Wasserhahn oder einen Brunnen. Trockener Sand lässt sich nicht formen. Je nach Bedarf müssen sich die Kinder selbst mit Wasser bedienen können. Beim ungehinderten Sandspiel mit Wasser machen sich Kinder natürlich schmutzig. Sie sollten deshalb dementsprechend angezogen sein.

Das Spiel im Sand ermöglicht Kindern den Kontakt zu anderen. Sie lernen gemeinsam etwas tun. Manchmal entstehen imposante Werke im Sandkasten! Sie lernen, aufeinander Rücksicht zu nehmen, hilfsbereit und vorsichtig zu sein, aber auch sich durchzusetzen und etwas aufzubauen. Das Zerstören der »Kuchen« und »Löcher« kann sehr befriedigend sein und anregend für neue Gebilde.

Spielimpulse

- Wer steckt sich mit Zweiglein oder Blumen einen bunten Garten in den Sandkasten?
- Kinder bauen Sandberge, Straßen und Tunnels. Die Bergstraße wird festgeklopft, damit Autos und Murmeln besser den Berg hinunterrollen.
- Wer gräbt ein tiefes Loch?
- Wer füllt eine Büchse, die am Boden ein kleines Loch hat, mit Wasser und »malt« Wasserspuren in den trockenen Sand?
- Mit dem Finger Tiere, Häuser und Männchen in den feuchten Sand zeichnen.
- Kleine Holzspachteln aus der Küche sind ideal, um Treppenstufen einzudrücken.
- Wer baut die schönste Sandburg?

Der Sandkasten und sein Standort

Da Kinder stundenlang konzentriert im Sand spielen, ist der Standort des Sandspielbereichs sorgfältig auszuwählen. Sandkisten sollten niemals in der prallen Sonne stehen. Ideal wäre eine windgeschützte Nische im Halbschatten. Wenn weder Bäume, Sträucher noch eine Mauer Schatten spenden, stellen wir einen Sonnenschirm auf. Auch eine Pergola kann genügend Sonnenschutz bieten. Im Frühjahr und im Herbst sollte der Standort nicht zu schattig sein, damit sich die Kinder nicht erkälten beim langen Sitzen im nasskalten Sand.

Ist kein öffentlicher Sandkasten in der Nähe, sollte man unbedingt eine Spielmöglichkeit schaffen, auf dem Balkon oder im Garten. Es gibt leichte und erschwingliche Kunststoffbecken und Sandkästen aus Holz. Im Idealfall wird die Sandgrube direkt in die Erde gegraben und ist mindestens 75 cm tief, damit die Kinder nach Herzenslust buddeln und graben können!

Manche Kleinkinder essen während einer kurzen Zeitspanne Sand und Erde, darum darf der Sand nicht zu stark verschmutzen. Als Schutz gegen Hunde- und Katzendreck bedecken wir nachts die Sandkiste mit einem Drahtgitter. Damit ist die Lüftung des Sandes gewährleistet. Sonne, Regen und Wind reinigen auf natürliche Weise.

Zweimal im Jahr, im Frühling und im Herbst, wird der Sand umgeschaufelt und durchgesiebt. Die ganze Familie hilft dabei. Es ist erstaunlich, was da alles zum Vorschein kommt: verloren geglaubtes Spielzeug, Abfallreste usw. Alle zwei Jahre ersetzen wir den alten Sand durch neuen.

In der Nähe des Sandspielplatzes sollte es fließendes Wasser geben, das die Kinder je nach Bedarf selbst holen können. Nur in feuchtem Sand lassen sich Burgen formen, Höhlen graben, Tunnels bohren und Kuchen backen.

Kleinkinder spielen meistens dem Rand entlang. Sandkästen mit breitem, tischartigem Holzrand eignen sich besonders gut zum Kuchenbacken oder als Transportstraße für Sandfahrzeuge. Die Kleinen schätzen es, wenn die Mutter während des Sandspiels in Sicht- und Rufweite ist.

Ab fünf brauchen Kinder größere Sandspielplätze. Sie kombinieren ihr Spiel mit Brettern, Seilen, Stäben, Steinen, Autos und Figuren. Sie schätzen es, wenn Erwachsene sie möglichst in Ruhe lassen bei ihrem Experimentieren im Sand.

Was beim Einkauf zu beachten ist

- Für Sandspielsachen hat sich Kunststoff bewährt. Er sollte erstklassig und eher etwas weich sein und nicht splittern.

- Bei Schaufeln und Rechen ist darauf zu achten, dass die Übergänge vom Stiel zur Schaufel oder zum Rechen aus einem Stück und verstärkt sind, denn angeschweißte Teile brechen gerne ab.

- Ein Sandsieb muss gute Löcher haben. Die Handgriffe sollten so groß sein, dass das Kind mit allen Fingern hineingreifen kann.

- Gießkannen sollten eine gute Standfläche haben, handliche Griffe, eine große Einfüllöffnung sowie gute Gießlöcher.

- Bei Förmchen ist darauf zu achten, dass sie mindestens 3 cm Tiefe haben, damit man auch wirklich Sandkuchen backen kann.

- Die Sandeimer müssen aus stabilem Material sein. Eine Litereinteilung bereichert die Spielmöglichkeit. Der Griff sollte stabil und gut am Eimer befestigt sein.

- Beachten Sie beim Kauf eines Sandfahrzeugs die Achsen. Sie sollten durchgehend und aus Metall sein. Nur hochwertiger Kunststoff ist empfehlenswert oder massive Holzausführungen.

Spielen mit Wasser

Kinder entwickeln dabei: den lustvollen Umgang mit dem Urelement Wasser, spielerische Bewegungserfahrungen im Haus und draußen in der Natur, eine Vielzahl sensomotorischer Tasterfahrungen, achtsame Wertschätzung für das köstliche Nass, einen größeren Wortschatz, das Wissen um den Wasserkreislauf im Zusammenhang mit dem Wetter.

Die Gewöhnung an das Wasser fängt schon im Säuglingsalter an. Wie das Baby das tägliche Bad erlebt, ist mitbestimmend für seine spätere Einstellung zum Wasser. Die erste Begegnung mit dem Wasser sollte vorsichtig, liebevoll und ohne Eile erfolgen; verschiedene Planschspiele wie leichtes Anspritzen, Abspülen mit einem Wasserbecher, Füllen und Leeren von Gefäßen aus Kunststoff, Spiele mit Schwimmtieren, Schiffen und Bällen machen das Kind mit dem Wasser vertraut.

Die Badewanne ist das Schwimmbecken des Kleinkindes.

Spielimpulse für die Badewanne

- Unsere kleinen Nackedeis freuen sich, wenn wir ihnen zum Waschen Verse aufsagen und sie gleichzeitig streicheln, antupfen oder sie leicht auf der Haut kitzeln: »Kleines Kinn, rote Lippen, Stupsnase, Augenbraue, girri, girri, giggs!« Mit dem Waschlappen alle genannten Gesichtsteile berühren. Auf »girri, girri, giggs« wird unter dem Kinn gekitzelt.

- Ruhiges Wasserspiel: In der Badewanne das Wasser mit der Hand hin und her bewegen – die Wasseroberfläche streicheln – auf den Wasserspiegel blasen – einen Finger eintauchen, wieder herausnehmen und das Wasser abtröpfeln lassen – mit der Hand Wasser schöpfen usw.

- Nachfolgender Neckvers ist für wasserscheue Kinder gedacht. Er lenkt die Kleinen ab. Selbstverständlich wird immer der Name des zu waschenden Kindes eingesetzt:

  Pitsche, patsche, Peterlein,
  steig geschwind ins Wasser rein:
  rechtes Bein und linkes Bein
  und das ganze Peterlein.

- Praktisch alle Sandspielsachen aus Kunststoff können auch ins Bad mitgenommen werden. Weiter eignen sich leere Shampooflaschen und Plastikbecher für Schüttspiele und ein Badeschwamm.

- Gestreckt im Badewannenwasser liegen und mit den Händen am Wannengrund abstützen; dieser soll vom Körper nicht berührt werden. Dabei vor- und zurückbewegen. Dasselbe kann auch in Rückenlage durchgeführt werden.

- Erste Tauchversuche: Mund ins Wasser halten, Mund und Nase ins Wasser tauchen, Luft anhalten und im Wasser ausatmen, Gesicht und dann den ganzen Kopf unter Wasser tauchen.

Wenn Planschen und Spritzen erlaubt sind

Das Naturelement Wasser fasziniert Kinder über Jahre. Manche stehen dem nassen Element anfangs skeptisch bis feindlich gegenüber. Größere entdecken, dass Wasser neue Bewegungsarten von ihnen erfordert. Schwimmen lernen kann für ein Kind zum Schlüsselerlebnis werden. Wir sollten Kindern immer wieder die Möglichkeit geben, sich spielerisch mit diesem Naturelement vertraut zu machen, drinnen und draußen. Im Fragealter, zwischen drei und vier Jahren, beschäftigen sich Kinder mit Fragen wie: Wo gibt es Wasser? Was lebt im Wasser? Warum ist Wasser durchsichtig? Warum trinken wir? Wie groß ist das Meer? Warum können wir schwimmen lernen? Warum schwimmt ein Schiff?

Lassen wir den Kindern Zeit zum Spielen beim Baden und Waschen. Achtung: Kleine Kinder sollten in der Badewanne nie unbeaufsichtigt sein!

Am Spülbecken in der Küche vergnügen sich Kinder herrlich mit Sandspielsachen, Kindergeschirr oder verschieden großen Dosen und Joghurtbechern.

Draußen lässt sich im Sommer mit wassergefüllten Plastiksäcken, in die wir kleine Löcher stechen, wunderbar spritzen!

Wenn Planschen und Spritzen erlaubt sind, schätzen kleine Schmierfinken Pfützen und matschigen Boden zum Spielen.

Auf Wanderungen und im Urlaub sollten Kinder ausgiebig im und am Wasser spielen können. Baden ist für die meisten Kinder das größte Vergnügen. Sie lieben es aber auch, an einem Brunnen, Bach oder See zu spielen. Sie können Stauungen bauen, den Bach »umleiten«, Rindenschiffchen schwimmen lassen und vieles mehr.

Lebensraum Wasser

Wir sollten uns die Zeit nehmen und den Kindern bei verschiedenen Gelegenheiten, immer wenn es gerade passt, den »Lebensraum Wasser« nahezubringen! Sie darauf hinweisen, dass alle Lebewesen Wasser brauchen, die Menschen, die Tiere und die Pflanzen. Wie bemerkt man, dass ein Mensch, ein Tier oder eine Pflanze Durst hat?

Gemeinsam erleben, woher das Wasser kommt: Sauberes Wasser aus dem Wasserhahn – beim Spazieren die Quelle eines Baches aufsuchen – den Zusammenhang von Wasserkreislauf und Wetter erforschen – den Wasserkreislauf bildnerisch darstellen usw. Wer als Kind Zeit und Raum hatte, eigene Erfahrungen mit Wasser zu machen, und den schonenden Umgang mit natürlichen Ressourcen exemplarisch erlebt hat, wird als Erwachsener den täglichen Wasserverbrauch sorgfältiger einschätzen und das köstliche Nass nicht vergeuden.

Wasser-Spielimpulse

- Wer lebt im Wasser? Wir wollen mit diesem kleinen Sprachspiel herausfinden, welche Vorstellungen die Kinder mit dem Anblick von Wasser verbinden. Am ehesten kommen Antworten wie: »Fisch«, »Frosch«, »Nilpferd«, »Delfin«, Walfisch«, »Krokodil«, »Motorboot«. Die Kinder ahmen die »Wasserbewohner« pantomimisch nach.

- Sprachratespiel: Wo gibt es Wasser im Freien? Im See, im Fluss, im Brunnen, im Gartenteich, im Wasserfall, im Meer, im Schwimmbad, in der Pfütze, in den Regentropfen, in der Träne, im Gletscher, in der Regenwolke, im Schnee ...

- Sprachratespiel: Wo gibt es Wasser im Haus? In der Badewanne, im Klo, in der Pfanne, in der Waschmaschine, im Wasserhahn, im Wasserglas oder in der Teetasse, in der Bettflasche, die sagt: »Heiße Grüße für die Füße!«

- Wie blubbert das Wasser, wenn wir mit einem Strohhalm hineinblasen?

- Mit leeren Büchsen oder Joghurtbechern kann man Luft unter die Wasseroberfläche drücken und wieder nach oben entweichen lassen. Wer versucht es?

- Wir drehen den Gartenschlauch nur wenig auf und gießen Blumen damit. Wenn wir den Schlauch mit dem Finger zuhalten, können wir uns gegenseitig wonniglich anspritzen.

- Wie klingt Regenmusik am Fenster, auf dem Dach oder dem Regenschirm?

- Wer schnitzt sich ein Rindenschiff oder faltet ein Papierschiffchen und lässt es schwimmen?
- Wer kann Kieselsteine übers Wasser hüpfen lassen? Horch, wie kleine und große Steine klingen, wenn sie ins Wasser plumpsen.
- Kinder bauen mit Vergnügen lange Wasserleitungen aus Löwenzahnstängeln. Die Leitungsrohre werden ineinander geschoben, immer das dünne Ende in das dicke. Damit Wasser durchfließen kann, werden die Röhren in Milchtüten-Reservoirs oder Büchsen gesteckt. Die kleinen Brunnenmeister füllen die Reservoirs mit Wasser und verfolgen gespannt, ob und wie das Wasser durch die Röhren rinnt.
- Wer kann seinen Pingpong-Ball im Schwimmbecken über das Wasser blasen?
- Gläser oder Flaschen verschieden hoch mit Wasser füllen. Das Glockenspiel erklingt, wenn wir mit einem Löffel gegen die Gläser schlagen. Wer spielt einen Liedanfang?
- Deckel versenken: In der Mitte des Tisches steht eine Schüssel voll Wasser. Im Wasser schwimmt ein Konfitürendeckel. Es wird reihum gewürfelt. Wer eine Sechs hat, gibt einen Kaffeelöffel voll Wasser in den Deckel. Bei wem sinkt der Deckel?

Spiele im Freien

Kinder entwickeln dabei: Freude am täglichen Aufenthalt an der frischen Luft bei Sonne, Regen oder Schnee, die Lust an körperlicher Bewegung sowie individuelle Gelenkigkeit, Geschicklichkeit, Beherrschung des Gleichgewichts, Vertrauen in die eigenen Fähigkeiten, Selbstständigkeit und individuelle Ausdrucksfähigkeit. Starke soziale Beziehungen durch gemeinsame Spiele, Regeln verstehen und einhalten, Achtung vor der Natur.

Zu jeder Jahreszeit, besonders aber in der wärmeren, sind die Kinder hoffentlich viel draußen. Erforschen wir mit ihnen Feld und Wald, Garten, Parks und Zoos. Auch Stadtkinder brauchen direkten Kontakt zur Natur. Gemeinsam erleben wir die vier Elemente, Erde, Wasser, Luft und Feuer. Sie bereichern den Erfahrungsschatz und die Spielmöglichkeiten der Kinder.

Ein gesundes Kind bewegt sich gerne und viel. Es läuft, hüpft, springt, balanciert und klettert, wann immer es dazu Gelegenheit hat. Es lernt bis zum Schuleintritt durch Bewegungsspiele: Steigen, Klettern, Herabspringen, Hochkriechen, Runterrutschen, Schaukeln, Hangeln, Wippen, Durchkriechen, Rollen und Fahren.

Bewegungsspiele helfen ihm, seinen Antriebsüberschuss auszuleben. Auf dem Dreirad, dem Roller, Rollerskates oder

52

einem Go-Kart kann es die Geschwindigkeit und Wendigkeit seiner Bewegungen besonders genießen. Eine Schaukel bietet dem Kind die Möglichkeit rhythmischer Auf-und-Ab-Bewegungen und wirkt dadurch entspannend. Ballspiele, Wurfspiele oder das Laufen auf Stelzen fördern die Geschicklichkeit.

Alle Bewegungsspiele lassen das Kind den eigenen Körper bewusster erleben und fördern das innere und äußere Gleichgewicht. Denken wir nur an Versteckspiele, Fangspiele, in auf den Gehweg aufgemalten Kästchen »Himmel und Hölle« hüpfen oder Kreisspiele. Kleine reiten gerne auf einem Steckenpferd durch die Gegend, und Größere basteln Seifenkisten. Die stolzen Wagenbesitzer testen mit Vergnügen die Fahrtüchtigkeit ihrer wackligen Flitzer.

Spielimpulse

- Laufen und Springen im Stiegenhaus, Hüpfen auf dem Straßenpflaster, Balancieren auf einer Mauer, Schieben des Kinder- oder Einkaufswagens verzögern zwar die Einkäufe, bereichern jedoch die Bewegungserfahrungen der Kinder. Wer genügend Geduld aufbringt, Kindern auch in diesem Bereich Bewegungsfreiheit zu gönnen, unterstützt die Entwicklung ihrer Geschicklichkeit.
- Was Sie wissen sollten: Kinder verhalten sich in der Natur anders als Erwachsene. Sie wollen lieber laufen und springen als gleichmäßig gehen, sie

wollen öfter stehen bleiben und etwas genau betrachten, eine Schnecke etwa, einen Regenwurm, eine Blume usw. Das heißt für Erwachsene: sich mehr Zeit einräumen für einen Spaziergang mit Kindern, damit sich nicht Ungeduld einstellt.

■ Das natürliche Gelände bietet eine Fülle von Bewegungsmöglichkeiten, die die Kinder austesten wollen: auf Baumstämmen kann man klettern, springen und balancieren, Hügel und Abhänge wollen erobert werden.

■ Geben Sie den Kindern häufig Gelegenheit, auf Wiesen und Waldboden barfuß zu laufen. Dann haben sie beim Beschleunigen, Wenden und Bremsen verschiedene Lauferlebnisse und können ihre Bewegungen unterschiedlichen Bedingungen anpassen.

■ Wer hat dieses Jahr mit den Kindern schon Kränzchen aus Gänseblümchen zusammengesteckt oder Maienpfeifen geschnitzt?

■ Eine Feuerstelle bauen, um Würstchen zu braten oder Schlangenbrot zu backen, macht Kindern immer Spaß!

■ Im Herbst lassen wir Drachen steigen, Windrädchen surren und Papierflieger segeln.

■ Im Winter, wenn Schnee liegt, bauen wir Schneemänner, werfen Schneebälle, fahren Schlitten oder laufen mit der ganzen Familie Ski.

Kinder erleben und spüren den Wald

Naturpädagogen wissen, dass beim Spiel im Freien dem Bewegungsdrang keine Grenzen gesetzt sind. Sich viel im Freien aufzuhalten fördert den Appetit, den gesunden Schlaf und unterstützt eine stabile Gesundheit – körperlich und seelisch. Im Spiel ohne vorgefertigtes Werkzeug wird die Kreativität gefördert und damit die Lust und Energie zum Lernen. Ein wichtiger Aspekt ist auch, dass die Kinder lernen, mit der Natur zu leben, sie zu kennen, zu beobachten und alles, was lebt, auch zu schützen. Sie werden sich ihrer Verantwortung der Natur gegenüber bewusst. Waldspielgruppen arbeiten eng zusammen mit dem Förster, den Naturschutzvereinen und anderen naturliebenden Personen und Institutionen.

Die Idee der Waldkindergärten stammt ursprünglich aus Dänemark. Vor rund fünfzig Jahren entstand dort der erste Waldkindergarten. Von Deutschland her ist dieses Konzept in den 1990er-Jahren in die Schweiz gelangt. Das Konzept wird unter Pädagogen immer beliebter und erfolgreich praktiziert. Die Waldkinder lernen durch einen regelmäßigen Aufenthalt in der Natur zu allen Jahreszeiten den Wald und die Umgebung kennen und schätzen. Ganz nebenbei werden durch die intensiven Erfahrungen im Wald die Sinne geschärft und die Geschicklichkeit trainiert.

Ein Nachmittag in der Waldspielgruppe

Ich durfte den Waldkindergarten Sarmensdorf besuchen und die Leiterin, Renate Sibold, führte mich durch ihr Reich im Wald. Sie erzählte mir, wie beispielsweise so ein Waldspielnachmittag verläuft. Die Kinder und die Waldpädagoginnen begrüßen im Kreis den Wald mit einem kleinen Vers:

Guten Tag, lieber Wald, jetzt kommen wir bald!
Guten Tag, lieber Wald, zu dir kommen wir heut.
Guten Tag, liebe Bäume, wachet auf unsere Träume.
Guten Tag, liebe Bäume, zu euch kommen wir heut.
Guten Tag, liebe Tiere, bei euch wollen wir sein.
Guten Tag, liebe Tiere! zu euch kommen wir heut.

Je nach Jahreszeit, Ideen und Lust der Kinder variieren die Aktivitäten auf dem Lehrpfad der Waldspielgruppe: Die Kinder können klettern, baumstammlaufen, beobachten, was sich seit dem letzten Waldbesuch verändert hat. Sie bestaunen die Dachshöhle und den Ameisenhaufen. Sie suchen Tierspuren und Menschenspuren. Sie machen sich Gedanken über die Aufgaben der Natur und die Aufgaben der Menschen. Sie lernen heimische Tiere kennen: wie sie leben, was sie essen, z.B. Fuchs, Eichhörnchen, Dachs, Reh, Würmer, Käfer, Nacktschnecken. Sie beobachten viele Vogelarten, z.B. Specht, Eichelhäher, Wildtaube, Meise, Buchfink. Im Laufe des Jahres lernen sie auch die meistbekannten Pflanzen und Bäume erkennen, ihre Formen, Farben, Blätter und Früchte. Mit Bestimmungsbüchern und Lupe gehen sie auf die Suche ... Sie haben ihre Sammelsäcke dabei und schauen sich die Sachen später auf dem Waldsofa genau an. Sie lernen ihre Waldschätze durch Wahrnehmen, d.h. Hören, Beobachten, Schmecken und Fühlen mit Händen und Füßen, kennen.

Jetzt ist Zeit für eine kleine Verpflegung auf dem Waldsofa oder in der Schutzhütte. Dann erzählen oder erfinden wir gegenseitig Geschichten. Unserer Kreativität sind keine Grenzen gesetzt. Die Kinder genießen die Stille im Wald. Sie lernen aufeinander Rücksicht nehmen, helfen, teilen. Das Spielen im Wald schafft gegenseitiges Vertrauen und stärkt das Selbstvertrauen der Kinder.

Als Abschluss dieses Spielnachmittages im Wald legt jedes Kind eine kleine Dankesgabe für den Wald zu einem

Baum, einem Farn oder einem Stein. Das kann ein Tannenzapfen sein, ein Blatt, ein Buchnüsschen, ein leeres Schneckenhaus usw. Im Schlusskreis sprechen die Kinder einen kleinen Abschiedsvers:

> *Wir danken dir, du guter Wald,*
> *wir durften bei dir spielen.*
> *Jetzt ist Zeit, um heimzugehen,*
> *doch nächste Woche sind wir wieder da.*
> *Adieu, adieu, adieu, du lieber Wald,*
> *adieu, adieu, adieu, alle miteinander!*

Ballspiele

Kinder entwickeln dabei: Fähigkeiten wie greifen, loslassen, rollen, werfen, fangen, zielen und die Lust am Wiederholen, Freude an Bewegung und das Verständnis für Spielregeln, körperliche Geschicklichkeit, Koordinations- und Reaktionsvermögen.

Bälle zum Rollen, Werfen und Fangen

Kinder auf der ganzen Welt kennen Ballspiele. In allen Altersstufen sind Bälle, ob klein oder groß, weich oder hart, ein beliebter Spielgegenstand. Der erste Ball regt zum Hinterherkrabbeln, Festhalten, Loslassen und Rollen an. Später folgen einfache Ballspiele wie etwa Ball hochwerfen und auffangen, Ball einander zuwerfen und fangen, den Ball auf den Boden prellen und »Ballschule«.

In der Schule und im Erwachsenenalter folgt der Ballsport, wie etwa Fußball, Handball, Korbball, Volleyball, Basketball, Tennis, Tischtennis usw. Dieses runde Ding, das sich mit Hand, Fuß und per Kopfstoß werfen, fangen und schieben lässt, fasziniert Groß und Klein!

Einen Ball für jeden Fall

■ Jonglierbälle, gefüllt mit Granulat, lassen sich knautschen, fühlen, rollen, werfen. Wer später im Schulalter genug übt, kann mit zwei, drei Bällen wie im Zirkus jonglieren!

■ Igelbälle, in verschiedenen Größen und Farben, aus voll durchgefärbtem Kunststoff, mit greiffreundlichen »Stacheln«, regen zu motorischen Übungen an. Sie sind spannend zum Anfassen. Wer kann sie auch mit den Füßen rollen oder gar mit den Zehen greifen?

■ Wasserbälle dürfen im Sommer auf keinen Fall fehlen, sie bereichern die Spielmöglichkeiten im herrlichen Nass sehr.

■ Schneebälle formen Kinder überall, sobald nur ein paar Zentimeter Schnee auf der Erde liegen. Wer macht eine Schneeballschlacht?

■ Federbälle können zwei Spieler mit dem Schläger durch die Luft hin- und herschlagen.

■ Pingpongbällchen sind bei Schülern sehr beliebt. Sie lassen die kleinen weißen Plastikbällchen auf dem Pingpongtisch eifrig hin- und herflitzen.

Spielimpulse für einfache Ballspiele

Je nach Alter und Spielinteresse brauchen Kinder andere Bälle. Hier ein paar Anregungen:

Frottee-Ball: Ein kleiner, weicher Frottee-Ball ist ein ideales Spielzeug für das Baby im zweiten halben Jahr. Es lernt durch ihn greifen und sich spielerisch von etwas zu trennen, das sofort wieder zurückkommt. Festhalten und Loslassen sind in diesem Alter wichtige Grunderfahrungen. Er lässt sich auch »beknappern«, knautschen, wegstoßen und man kann sich sogar drauflegen. Als kleines Spiel rollen wir dem Baby den Ball immer wieder zu, bis es das Spiel vergnügt aufgreift und ihn bewusst zu uns zurückrollt.

Griffiger Schaumstoffball: Ein großer Voll-Schaumstoffball springt nicht so gut wie ein Ball aus Vinnol oder Gummi, er hat aber ideale Eigenschaften für Anfänger. Weil er weich und griffig ist, lässt er sich gut fangen und an sich drücken. Er eignet sich vor allem für Ballspiele im Kreis, nicht jedoch zum Prellen.

Kleine Kinder können sich einen Schaumstoffball gut zuwerfen und ihn mit beiden Armen festhalten. Mit dem weichen Ball darf man sogar in jedem Zimmer üben. Diese Bälle gehen kaum kaputt und machen auch nichts kaputt. Sie sind auch super zum barfüßigen Fußballspielen.

Ballrollen: Hier ein kleines Spiel zum Ballrollen. Zwei Kinder oder ein Kind und ein Erwachsener sitzen mit gespreizten Beinen auf dem Boden und rollen sich gegenseitig im Versrhythmus den Ball zu. Sie sprechen dabei:

Mein Ball ist kugelrund,
er rollt und rollt,
von mir zu dir, von dir zu mir.
Mein Ball ist kugelrund,
er rollt und rollt.
Juchhe!

Känguru-Ballhüpfen: Außer dem Spaß fördert das »Ball-hüpfen« auch die Koordination und den Muskulaturaufbau. Zum »Ballhüpfen« brauchen Kinder ab drei Jahren einen Sprungball, der aufgeblasen einen Durchmesser von ca. 45 cm hat und einen Umfang von ca. 145 cm. Für diesen Ball ist die ideale Körpergröße ca. 155 cm. Die meisten Sprung-bälle sind heute aus Vinnol oder Crylon.

Ein Sprungball mit 60 cm Durchmesser und einem Um-fang von 188 cm eignet sich für Kinder ab etwa fünf Jahren bis zu einer Körpergröße von ca. 170 cm.

Achtung: Die Kinder können nur damit spielen, wenn sie beim Sitzen auf dem Ball den Boden mit den Füßen er-reichen! Die Sprungbälle werden unaufgeblasen geliefert. Das Aufblasen geschieht mühelos an einer Tankstelle oder mit einem Blasebalg wie bei einer Luftmatratze.

Wie wird gespielt? Die beiden Griffe nimmt man zwi-schen die Beine, setzt sich auf den Ball und stößt mit den Füßen vom Boden ab. Wer kann hüpfen wie ein Känguru? Zuerst vorsichtig wippen am Ort, um das Gleichgewicht zu spüren. Wer sicher ist und sich getraut, kann sich mit immer größeren Sprüngen fortbewegen!

Wie viel' Jahre leb ich noch? Wer ab sechs Jahren wissen möchte, wie alt er einmal wird, der kann sein Ball-Orakel fragen. Der Ball wird auf den Boden oder an eine Wand ge-worfen, dann versucht man, ihn beim Zurückprellen wieder aufzufangen. Dazu wird der Vers aufgesagt:

Lieber Ball, sag mir doch,
wie viel Jahre leb ich noch?
Eins, zwei, drei, vier …

Wie oft kann man den Ball prellen? Jeder Aufschlag wird ge-zählt. Wer wird ein Jahr alt und wer neunundneunzig Jahre?

Ballschule: Kann ab sechs Jahren allein oder zu mehreren gespielt werden. Für dieses Spiel braucht man lediglich eine Wand, gegen die man den Ball spielen kann. Ein Garagentor, eine Mauer oder Ähnliches können dazu dienen. Es geht nun darum, die Geschicklichkeit im Werfen und Fangen zu üben. Verschiedene Übungen sollen dreimal hintereinander geschafft werden.

- Den Ball mit beiden Händen gegen die Wand werfen und wieder auffangen.
- Nur mit der rechten Hand gegen die Wand werfen und fangen.
- Nur mit der linken Hand …
- Mit beiden Händen auf dem rechten Bein stehend werfen …
- Dasselbe mit dem linken Bein.
- Werfen, in die Hände klatschen und fangen.
- Mit dem Rücken zur Wand über den Kopf werfen, um-drehen und fangen.
- Mit dem Rücken zur Wand zwischen den Beinen durch-werfen, umdrehen und fangen.

Wer das geschafft hat, ist schon ein richtiger Ball-Profi und kann sich steigern, indem er die Übungen nun fünfmal oder gar zehnmal fehlerfrei versucht. Oder die Kinder denken sich einfach noch andere Übungen aus.

Namenball: Eine gute Konzentrationsübung, bei der Bewegung im Spiel ist: Ihr Kind wirft zehnmal hintereinander einen Ball gegen eine Mauer und fängt ihn wieder auf. Dabei sagt es jedes Mal den Namen eines Baumes oder einer Blume oder eines Tiers. Was aufgezählt werden soll, wird vorher festgelegt. Man kann auch auf zehn zählen in allen Sprachen, die man kennt. Dann sind Sie an der Reihe. Ihr Kind darf bestimmen, ob Sie zehn Städte, zehn Flüsse, zehn Berge oder zehn Dichter nennen sollen.

Ball-Preller: Wer schafft es, den Vers laut zu sprechen und dabei den Ball fortwährend bis zum Schluss mit der flachen Hand auf den Boden zu prellen? Gratuliere! Er oder sie ist soeben »Gummi-Gummi-Zwerg-Preller-König oder Königin« geworden! Rhythmisch sprechen und gleichzeitig prellen:

> *Auf einem Gummi-Gummi-Berg,*
> *da wohnt ein Gummi-Gummi-Zwerg.*
> *Der Gummi-Gummi-Zwerg*
> *hat eine Gummi-Gummi-Frau.*
> *Die Gummi-Gummi-Frau*
> *hat ein Gummi-Gummi-Kind.*
> *Das Gummi-Gummi-Kind*
> *hat ein Gummi-Gummi-Kleid.*
> *Das Gummi-Gummi-Kleid*
> *hat ein Gummi-Gummi-Loch.*
> *Gummi-Gummi-Preller, prellst du noch?*

Sitz- und Gymnastikball: Gerade bei Kindern in der Entwicklungsphase des Bewegungsapparates ist jede Motivation zur Bewegung nur von Vorteil. Sitz- und Gymnastikbälle animieren die Kinder automatisch zum bewegten Sitzen, Hüpfen, Federn und zu spielerischen Übungen. Sie können sich auf den Gymnastikball legen oder setzen. Er eignet sich für viele unterschiedliche Gymnastikübungen und für dynamisches Sitzen. Die Übungen mit dem Gymnastikball fördern und verbessern die Koordination, die Grob- und Feinmotorik, die Balance und stärken so das Selbstvertrauen.

Im Schulbereich können ein bis drei Sitzbälle pro Klasse den Schulkindern zwischendurch eine dynamische Abwechslung zu monotonen Schreib- und Lesehaltungen während des Unterrichts ermöglichen.

Murmeln
sind eine runde Sache

Kinder entwickeln dabei: gezieltes Treffen, Achtsamkeit, Ausdauer, die Feinmotorik der Finger und die Augen-Hand-Koordination, Sammelfreude.

Wer erinnert sich nicht an das Spiel mit den bunten Kugeln aus Ton, Stein, Glas oder Stahl, mit denen wir als Kinder Murmeln spielten? Das traditionelle, immer jung gebliebene Murmelspiel trägt viele Namen wie etwa Schusser oder Klicker. Die großen, besonders schönen Glasmurmeln mit den farbigen Mustern im Innern heißen je nach Gegend etwa Welt, Kugel, Bomber, Bucker, Schieber oder Glaser. Der Name Murmel kommt von Marmor, denn mit kleinen Marmorkugeln haben schon die alten Römer gespielt und der »kleinen runden Sache« damit den Namen gegeben.

Murmeln macht einfach Spaß! Das wussten nicht nur unsere Eltern und Großeltern oder die alten Römer, schon die noch älteren Ägypter haben mit Murmeln gespielt. Damit dieses faszinierende Spiel nicht in Vergessenheit gerät, sollten wir Kindern schöne, bunte Murmeln schenken, zum Träumen, Staunen und Spielen: allein, zu zweit und in der Gruppe.

Eine Zeitlang hat der Asphalt die Murmeln bei uns vertrieben. Heute sind sie wieder im Kommen. Mir gefallen die gläsernen am besten. Sie sind in vielen wunderschönen Farben erhältlich. Kinder sind besonders von den Mustern im Innern der Glaskugeln fasziniert. Das Murmelspiel wird interessanter, wenn man Kugeln in verschiedenen Größen hat und natürlich auch aus unterschiedlichem Material.

Klangmurmeln: Seit einiger Zeit gibt es auch Klangmurmeln. Sie bieten uns die Faszination der bekannten Qigong-Kugeln aus China, nur in klein. Diese klingenden Glücksmurmeln erregen durch ihr sanftes Klingen die ganze Aufmerksamkeit der Kinder. Sie sind ein besonderes Geschenk, das zum meditativen Spielen und märchenhaften Träumen verlockt.

Kugelbahnen in allen Farben und Formen

Die meisten Kleinkinder kommen mit diesen geheimnisvollen Kugeln zuerst über eine Kugelbahn in Berührung. Ich kann mich noch gut erinnern, wie meine Kinder vor Freude quietschten, wenn die farbigen Murmeln über die Holzkugelbahn im Zickzack hin- und herrollten, im Loch verschwanden, auf die untere Rille plumpsten und am Schluss mit scheppernden Geräuschen zum Stillstand kamen.

In Spielzeugläden findet man heute Kugelbahnen in allen Formen, Größen und Farben, aus naturbelassenem Holz oder Kunststoff.

Spielimpulse für Murmeln, Klicker & Co.

- Um richtig toll spielen zu können, sollten die Kinder einen Zugang zu mindestens 30 bis 50 Stück Murmeln in verschiedenen Größen, Farben und Materialien haben.
- Aufbewahrt werden sie in Baumwollbeuteln mit Zugband oder Murmelsäckchen aus Samt.
- Achtung: Murmeln, die einen kleineren Durchmesser als 32 mm haben, sind nicht für Kinder unter 36 Monaten geeignet, da sie diese verschlucken könnten.
- Gespielt wird im Garten, in Anlagen, auf dem Spiel- und Pausenplatz, im Hauseingang oder im Zimmer. Wo sich keine Löcher in die Erde graben lassen, benützt man Mulden in Schachteldeckeln, zeichnet mit Kreide ein »Loch« auf den Boden oder legt beim Spielen im Haus einen Fadenkreis auf den Spannteppich. In eine Kartonschachtel schneiden wir kleine Tore ein und benützen sie als Ziel.

Wurf- und Rolltechniken

Wer seinen Kindern Murmeln schenkt, sollte sich unbedingt die Zeit nehmen, ihnen einige Spiele weiterzugeben und natürlich die Spielregeln dazu. Dann brauchen die Kinder nur noch ein paar Freunde und einen geeigneten Murmelplatz und los geht das »Klickern« um die Wette! Zum Werfen oder Rollen der Murmel gibt es ganz verschiedene Techniken. Hier ein paar Anregungen für Sechs- bis Neunjährige.

Beim Gelenkwurf wird die Murmel locker zwischen gekrümmten Daumen und Zeigefinger gehalten und aus dem Handgelenk zum Ziel geworfen.

Beim Schieben rollt man die Murmel mit dem Zeige- oder Mittelfinger nach vorn.

Beim Daumenschuss liegt die Murmel auf dem gekrümmten Zeigefinger und wird mit dem Daumen nach vorn gespickt. Der Knöchel des Zeigefingers ruht dabei seitlich auf dem Boden und die Hand sollte nicht bewegt werden.

Beim Schnippen wird die Murmel mit Zeige- oder Mittelfinger leicht oder fest (je nach Entfernung) geschnippt. Hierzu schnalzt man die Finger vom Daumen weg.

Schusswechsel: Es braucht mindestens zwei Spieler und sechs Murmeln pro Person. So geht's: Am besten spielt ihr dieses Spiel auf der Wiese, im Wald oder auf Sand. Grabt ein kleines Loch und zieht fünf Schritte davon entfernt eine Wurflinie. Nacheinander versucht ihr nun, immer eine Murmel ins Loch zu schießen. Wer trifft, darf alle daneben geschossenen Murmeln behalten. Wer keine Murmeln mehr hat, scheidet aus. Die anderen machen weiter, bis nur noch ein Spieler übrig ist.

Pyramide: Es braucht mindestens zwei Spieler, eine Murmel pro Person. So geht's: Malt mit Kreide ein langes Dreieck auf den Boden. Teilt das Dreieck in zehn Felder und schreibt die Punkte 1 bis 10 hinein. Zieht in zwei Schritten Abstand die Wurflinie. Jetzt spickt ihr nacheinander eure Murmeln in

Richtung der eingezeichneten Pyramide. Ziel ist natürlich, dass die Murmel in der Spitze der Pyramide, die zehn Punkte gibt, liegen bleibt. Wer nach zehn Runden am meisten Punkte hat, gewinnt das Spiel.

Ritterburg: Es braucht: Mindestens zwei Spieler und mindestens zehn Murmeln pro Spieler. So geht's: Ein Spieler ist der Ritter und baut aus fünf seiner Murmeln (vier als Grundmauer, eine als Turm) eine Burg. Dann zieht ihr im Abstand von fünf Schritten die Wurflinie. Alle anderen Spieler (ohne Ritter) versuchen nun nacheinander, von der Wurflinie aus die Ritterburg mit ihren Murmeln abzuschießen. Wem das gelingt, darf die Burg-Murmeln und alle daneben geschossenen Murmeln behalten. Der Gewinner der Runde ist Ritter in der nächsten Runde. Wer nach sechs Runden am meisten Murmeln erspielt hat, gewinnt.

Das »Kleine-Welt-Spiel«

Kinder entwickeln dabei: Feinmotorik, Augen-Hand-Koordination, Vorstellungskraft, räumliches Denken. Sich selbst als kleine »Regisseure« ihrer eigenen Welt zu erleben ermöglicht Kindern die Erfahrung von Selbstwirksamkeit und die spielerische Auseinandersetzung mit innerseelischen Themen. Die Beschaffenheit der selbst gestalteten »kleinen Welt« zeigt aufmerksamen Erwachsenen, wie die Kinder ihre Umwelt erleben, was sie interessiert und wie sie ihre Eindrücke verarbeiten.

Spielzeug, mit dem man sich seine eigene kleine Welt aufbaut und darin »Regie führt«, hat eine lange Tradition im Kinderzimmer. Denken wir nur an Puppenhäuser, die »Stadt in der Spanschachtel«, die Ritterburg, den Zoo, die Eisenbahn, die Garage mit Autopark, die Arche Noah oder den Bauernhof.

Seit jeher haben Kinder aus Naturmaterial kleine Welten gebaut. Im Alpengebiet schnitzten sie sich primitive Holzkühe aus Astgabeln. In südlichen Ländern verwandelten sich Muscheln und Schneckenhäuser unter Kinderhänden in lebendige Figuren im Sand.

Bei uns führten Mooshäuschen und Tannzapfenmännchen Kinder ins Zwergenreich. Wir spielten als Kinder stundenlang im Wald mit Moos, Steinen, Tannzapfen, Schneckenhäusern, Wurzeln und Blättern. Bauen wir mit den Kindern in den Ferien oder beim nächsten Waldspaziergang Stübchen, Häuser und Schlösser für kleine Tannzapfenmännchen und Zapfenkühe. Es ist erstaunlich, wie viel Fantasie auch heutige Kinder beim Spiel mit diesen urtümlichen, einfachen Natur-Spielmitteln entwickeln.

Auch ich bin groß

Kinder erleben ihre Umwelt aus einer anderen Perspektive als Erwachsene. Weil sie kleiner sind als die meisten Dinge ihrer Umgebung, erscheint ihnen vieles übermächtig und bedrohlich. Das »Kleine-Welt-Spielzeug« jedoch können sie von oben betrachten. Sie planen und bestimmen selbstständig die Spielabläufe. Mit Aufstellspielzeug leben die Kinder ihren Wunsch, »groß zu sein«, aus. Kinder ab dem vierten Lebensjahr brauchen »Kleine-Welt-Spielzeug« zur Nachahmung von Erlebtem und zum Einstieg in fantasievolles Rollenspiel.

Zwischen dem vierten und dem achten Lebensjahr bietet das »Kleine-Welt-Spiel« eine ideale Möglichkeit, Gedanken, Gefühle und Vorstellungen auszudrücken, zu verarbeiten und den anderen mitzuteilen.

Das Angebot ist riesig

Seit einigen Jahren zeichnet sich im Spielzeughandel der Trend ab, immer mehr und sorgfältiger ausgeführte »Kleine-Welt-Spiele« anzubieten. Wir finden wunderschöne Puppenhäuser mit reichhaltigem Angebot von Puppenmöbeln, kleinstem Puppengeschirr aus Keramik, Holz oder Plastik und viele formschöne Holzmännchen, Kunststofffigürchen und Biegepuppen. Manches davon ist der Wirklichkeit so perfekt nachgebildet, dass man unwillkürlich an alte Puppenküchen und Puppenhäuser in Museen erinnert wird. Auch Ställe und Tiere, Zoos, Dörfchen und Städte, Eisenbahnen, Garagen, Autos und Flughäfen, ja sogar eine Arche Noah mit vielen Tierpaaren und viel Zubehör sind anzutreffen.

Was beim Kauf zu beachten ist

Das Angebot von »Kleine-Welt-Spielsachen« ist so groß, dass es schwierig ist für Eltern, sich einen Überblick zu verschaffen. Besonders für diese Art Spielzeug lohnt sich der Gang in ein gutes Fachgeschäft. Hier kann man alles in Ruhe ansehen und sich auf Wunsch auch beraten lassen. Bei der Auswahl sollten immer das Alter und das momentane Spielinteresse der Kinder ausschlaggebend sein sowie Qualität, Design und Spielanreiz.

»Kleine-Welt-Spielsachen« sind ideale Geschenke. Das bestehende Material kann zur Freude der Kinder immer wieder durch passende Kleinigkeiten und weitere Tiere, Püppchen und Fahrzeuge ergänzt werden.

»Kleine-Welt-Spielzeug« aus Holz

Holz ist das klassische Material für »Kleine-Welt-Spielsachen«. Holz ist griffiger als Metall und Kunststoff, weil es die natürliche Feuchtigkeit der Hand aufsaugt. Unbehandelte Weichhölzer sind schmutzempfindlich, lassen sich jedoch mit Seifenwasser gut reinigen. Solide Puppenhäuser aus Holz, Ställe und Garagen sind teuer, doch die Anschaffung einer robusten Ausführung lohnt sich, besonders wenn mehrere Kinder damit spielen, denn sie begleiten Kinder im Spiel über Jahre.

Ein weiterer Vorteil von Holzfiguren: Sie passen gut in die Hand und sind so groß, dass Kinder sie nicht verschlucken können!

Familienspiel im Puppenhaus

In der Puppenstube brauchen Kinder anfangs zum Spielen gleich viele Püppchen, wie ihre Familie Mitglieder hat, einen Tisch und Stühle, Betten, eine Küche und wenn möglich ein Bad. Existiert in der Familie eine Katze oder ein Hund, sollten diese auch in der Puppenstube »leben«!

Kinder üben im »Kleine-Welt-Spiel« soziales Verhalten. Mit zunehmendem Verständnis für alles, was in ihrer Umgebung geschieht, können sie immer mehr Zubehör ins Spiel mit einbeziehen.

Puppenstuben brauchen viel Platz, weil Kinder auch drum herum spielen möchten. Größere Kinder kombinieren das »Kleine-Welt-Spiel« auch mit Bau- und Konstruktionsmaterial, Spielzeug und Naturmaterial. Darum ist ein fester Standplatz in der Wohnung ideal. Wie wär's mit einer Fensterbank oder einem eigenen Tisch?

Rund um den Bauernhof

Obwohl die meisten unserer Kinder nicht mehr in einer bäuerlichen Umgebung aufwachsen, sind Ställe, Tiere, und Traktoren beliebte Spielsachen. Kleine »Bauern« und »Bäuerinnen« schätzen es, wenn sie mit Stall und Tieren, Wald und Maschinenpark über mehrere Tage »arbeiten« können. Es muss nicht immer ein klassischer Bauernstall mit Kühen, Pferden, Schweinchen, Schafen, Ziegen, Hühnern und Hunden sein. Auch ein Ententeich oder ein Kaninchenstall macht Freude.

Ostheimer Tierfamilien

Die Firma »Ostheimer/Kinderkram« hat sich seit Jahren auf Holzspielzeug spezialisiert. Die Fertigung ist außergewöhnlich hochstehend in Qualität und pädagogischer und künstlerischer Ausführung. Darum möchte ich dieses Spielzeug hier besonders vorstellen. Ostheimer Holzspielzeug wird in Handarbeit aus heimischen Hölzern hergestellt. Die verwendeten Farben sind unschädlich. Typisch für das Holzspielzeug von Ostheimer sind die weichen Formen und die zurückhaltende Farbgebung. Der unverwechselbare Charakter der Figuren regt die Fantasie der Kinder an. Die Holzfiguren entsprechen den aktuellen europäischen Sicherheitsnormen für Spielzeug.

Das Besondere der geschnitzten Holztiere ist, dass sich immer Tierfamilien zusammenstellen lassen, von Schafen etwa, Ziegen, Pferden, Kaninchen, Hühnern, Gänsen, Enten, aber auch von Wildtieren. Die Tiere sind in verschiedenen Haltungen dargestellt und bieten darum großen Spielanreiz. Bei den Kaninchen beispielsweise sitzt eines und scheint Gras zu fressen, eines macht Männchen, eines hoppelt über die Wiese, eines hat die Ohren zurückgelegt und ein anderes stellt seine Löffel hoch in die Luft. Zu jeder Familie gehört auch ein Jungtier. Diese griffigen Tiere passen ausgezeichnet in die Kinderhand und lassen immer noch das Holz spüren.

Figuren für die »Kleine Welt«

Aufstellfiguren für das »Kleine-Welt-Spiel« gibt es auch als Ostheimer Holzpuppen: Sie sind aus massivem Holz geschnitzt, handbemalt und haben bewegliche Arme. Sie sind etwa 14 cm groß. Neben Bäuerin oder Bauer finden wir Ritter, Piraten, Märchenfiguren, Blumenkinder und verschiedene Berufe wie Polizist, Koch, Gärtner, Maler oder Bauarbeiter.

Beliebt sind auch Figürchen aus Kunststoff oder textilem Material. Die Püppchen sollten von der Größe her gut in die Kinderhand passen und dem wachsenden Spielbedürfnis angepasst werden. Für Kleine eignen sich einfache Holzstöpsel, für Größere sind Kunststofffiguren oder Biegepüppchen das Richtige.

Es ist erstaunlich, mit wie viel Hingabe Kinder auch mit Kitschfiguren spielen, früher waren es etwa die Schlümpfe. Manche sammeln diese »Kleine-Welt-Figuren« über Monate. Zinnsoldaten und ihre Kriegsspiele sind aus den heutigen Kinderzimmern verschwunden. An ihre Stelle sind häufig Piraten, Indianer und Ritter getreten sowie die »Superhelden«, die Kinder aus Comics, dem Fernsehen oder Computerspielen kennen. Bei manchen dieser »Fernseh-Figuren« fragt man sich jedoch, wo guter Geschmack und Ästhetik geblieben sind. Auch den pädagogischen Ansatz sucht man oft vergeblich.

»Kleine-Welt-Spielzeug« aus Kunststoff

Kunststoff macht es möglich, dass alle Arten und Formen von »Kleine-Welt-Spielzeug« hergestellt werden können. Die Materialbeschaffenheit von Kunststoff und die chemischen Verbindungen müssen für Spielzeug giftfrei sein.

Die Klassiker im Kinderzimmer sind sicher Playmobil, Lego und Duplo. Von der Garage über Autos, Waschanlage,

Puppenhaus, Piratenschiff, Feengarten oder Gespenster-schloss ist alles erhältlich. Als Mini-Spielbeigaben sind unter anderem anzutreffen: Staubsauger, Schaufel, Gießkanne, Katze, Milchkessel, Blumenstrauß, Pflanzen, Schaukel, Mö-bel, Gartengrill usw.

Achtung: Das Zubehör aus Kunststoff ist oft sehr klein! Wenn größere Kinder zu Hause mit diesen Miniatur-Spielsa-chen ihre »Kleine Welt« aufbauen, sollte man darauf achten, dass Kinder unter drei Jahren keine Teilchen verschlucken oder diese in Ohr- und Nasenlöcher stecken, ist leider alles schon vorgekommen!

Spielimpulse für das »Kleine-Welt-Spiel«

- »Kleine-Welt-Spielmaterialien« sind ideale Ge-schenke. Sie lassen sich immer wieder durch pas-sende Kleinigkeiten ergänzen. Kinder freuen sich an Zuwachs in einer Tierfamilie oder an Zubehör für die Puppenstube.
- Wir spielen den Kindern mit »Klein-Welt-Figu-ren« Minigeschichten und Kinderreime vor. Wenn sie »goldrichtig« ankommen, werden sie über Tage spontan immer wieder nachgespielt.
- Wir spielen mit den Puppenstubenpüppchen ei-nen Familientagesablauf: Eltern und Kinder stehen auf, frühstücken am Küchentisch, ein Elternteil fährt mit dem Bus zur Arbeit oder zum Einkaufen. Die Kinder helfen bei der Hausarbeit, die Katze be-

kommt Milch zu trinken. Die Kinder spielen auf dem Spielplatz. Vor dem Einschlafen singen wir den kleinen Püppchen ein Schlaflied.

■ Mit diesen kleinen Figuren lässt sich auch wunderschön Kindergarten, Schule oder Krankenhaus spielen.

■ Weiße Tücher markieren etwa eine Schneelandschaft, grüne eine Wiese und blaue Tücher einen See. Damit das Wasser nicht »ausläuft«, wird mit Holzklötzchen oder Steinen eine Seemauer gebaut.

■ Für die Kühe im Stall zupfen wir eine Handvoll Rasen aus und trocknen ihn an der Sonne, die Stalltiere lieben »echtes« Heu. Falls kein Rasen da ist, »fressen« sie auch Papierschnitzel.

Bauen und Konstruieren

Kinder entwickeln dabei: greifen, Feinmotorik, Geschicklichkeit, Kombinationsgabe und räumliches Denken, die Gesetze der Statik und des Gleichgewichts erkennen, Ausdauer und Geduld auf dem Weg von einem Haufen Bauklötze über Mauern, Türme, Blockbauten, Brücken, Raumbauten zu großen Bauwelten.

Ich baue mir ein Haus, da rennt eine Maus.
Ich baue mir einen Turm, da ringelt sich ein Wurm.
Ich baue mir eine Ecke, da kriecht eine Schnecke.
Ich baue mir eine Mauer, da liegt eine Katze auf der Lauer.

Der Vers wird gleichzeitig mit den
Händen pantomimisch dargestellt.

Die Bedeutung des Bauens für Kinder

Bauhölzer dürfen in keinem Kinderzimmer fehlen. Sie regen das Kind zu schöpferischer Tätigkeit an. Alles Bauen ist ein Zusammenfügen von einzelnen Bausteinen. In jeder Altersstufe wird gebaut. Die Bedeutung des Bauens liegt im spielerischen Begreifen der dreidimensionalen Welt. Das Bauen fördert die Geschicklichkeit des Greifens, die Ausdauer, die

Kombinationsgabe und das räumliche Denken. Sobald das Kind zwei Klötze bewusst aufeinander stellt, beginnt das Bauen. Der einfache Turm ist eines der ersten Bauwerke des Zweijährigen. Von dort führt ein langer Weg zum Erfinden und Ausführen komplizierter Konstruktionen wie Straßen, Brücken und architektonischer Gebilde.

Kinder können nur bauen, wenn sie zum richtigen Zeitpunkt das passende Baumaterial zur Verfügung haben. Kleine brauchen zu Beginn große Bauklötze aus Naturholz. Sie können diese besser greifen. Das Grundmaß von 5 x 5 cm ist ideal. Gute Bauklötze sind aus hartem Holz, splitterfrei und haben keine scharfen Kanten oder spitzen Ecken. Anfangs genügen vier bis sechs Würfel. Es braucht schon einige Spielerfahrung, bis ein Turm entsteht.

Beim Aufeinanderschichten der einzelnen losen Elemente erfährt das Kind durch unermüdliches Probieren die Gesetze der Statik und des Gleichgewichts. Später entstehen Reihen, lose Haufen, Blockbauten, Brücken und Raumbauten.

Damit dies geschehen kann, sollten allmählich die wichtigsten Grundsteine vermehrt und mit speziellen Bauelementen bereichert werden: Langhölzer in verschiedenen Längen, Walzen, Keile, Würfel, Brücken und Dreiecke. Auch ein Würfelturm als Hohlkubensatz bereichert das Bauen. Die einzelnen Würfel können als Häuser, Ställe oder Garagen benutzt werden. Mit Brettern und Bauklötzen kombiniert, entstehen damit rasch größere, stabile Bauwerke. Mit wachsender Bauerfahrung und Baulust wird die Menge des

Materials immer wichtiger! Es ist für Kinder sehr frustrierend, wenn sie ein begonnenes Bauwerk wegen mangelnden Baumaterials nicht vollenden können.

Kinder sollten unbedingt einen festen Bauplatz haben, wo sie ihre angefangenen oder fertigen Bauwerke längere Zeit stehen lassen können. Bauen braucht viel Raum.

Die Bauklötze werden am besten in Körben, Holzkisten, Waschboxen oder Säcken aufbewahrt. Es gibt Kinder, die fangen gar nicht erst mit Bauen an, nur damit sie nachher die Bauklötze nicht aufräumen müssen. Für sie ist ein Sack oder Korb das richtige. Andere wiederum können stundenlang einen Holzbaukasten ein- und ausräumen und haben große Freude an dieser ordnenden Tätigkeit.

Spielimpulse

- Geben wir den größeren Kindern beim Bauen Zusatzmaterial wie Bäume, kleine Spieltiere und Fahrzeuge. Mit selber gesammelten Kastanien und Kieselsteinen lassen sich Abgrenzungen und Zäune legen.
- Holzbrettchen und starke Kartonstücke verwenden die kleinen Baumeister als Zwischenböden und Flachdächer.
- Wenn kein Bauplatz vorhanden ist, kann auf einem Tablett gebaut und konstruiert werden. Mit der Unterlage können wir das Bauwerk wegstellen, ohne dass es einstürzt.
- Wir nähen oder malen einen Bauteppich mit Straßennetz. Wer baut Städte und Dörfer und spielt Verkehrsszenen?

Rollenspiel

Kinder entwickeln dabei: Spracherwerb und Begriffsbildung, soziales Verhalten, Einfühlungsvermögen, organisieren und Meinungsverschiedenheiten austragen, nachahmen von Verhaltensformen und Tätigkeiten der Erwachsenen, spielen »so tun, als ob«: schlafen, essen, Tiere pflegen, telefonieren, sich rasieren usw., erproben verschiedener Rollen, etwa im »Mutter-Vater-Kind-Spiel« oder im Nachspielen von Märchen und Geschichten.

»So tun, als ob« ist über Jahre eine beliebte Beschäftigung der Kinder. »Ich bin die Mutter und du das Kind!« oder »Ich bin der Polizist und du der Dieb!«: Mit dieser Ankündigung schlüpfen die kleinen Akteure spontan in eine andere Person. Das Rollenspiel beginnt. Die Kinder spielen, was sie täglich beobachten, sehen und erleben. Sie ahmen ihre Umgebung nach und »tun, als ob«. Dabei üben sie soziales Verhalten, Gespräche führen, Gefühle zeigen. Beim Rollenwechsel lernen sie unterschiedliche Standpunkte kennen.

Kinder spielen stundenlang: Familie, Kaufmann, Post, Zirkus, Räuber und Polizist, Cowboy und Indianer, Arzt und Patient, Unfall und Ambulanz, Kapitän, Pilot oder Lokomotivführer. Je nachdem brauchen sie andere Requisiten. Sie werden dabei zum »Sachensucher«. Sie streichen durch

Haus und Garten und »finden« Gegenstände und Zeug zum Spielen, das sie für ihr Rollenspiel brauchen können. Oft haben diese Funde überhaupt nichts mit Spielzeug zu tun. Die Kinder funktionieren diese Gegenstände spielgerecht um: Ein umgedrehter Tisch wird zum Ozeandampfer, ein Stuhl mit Lehne zum Postschalter und eine Papierrolle zum Fernrohr.

Außer diesen Umwelterlebnissen spielen Kinder auch gerne fantastische oder magische Geschichten von Hexen, Zwergen, Königen, Gespenstern, Rittern, Robotern und Marsmenschen. Sie spielen Märchen und Bilderbuch-Erzählungen nach. Sie lassen fantastische Geschichten Spielwirklichkeit werden.

Spielimpulse

■ Eine »Verkleidungskiste« sollte in keinem Kinderzimmer fehlen! Wir stellen den kleinen Verwandlungskünstlern in einem Korb oder einem Koffer alte Kleider, Hüte, Federn, Gürtel und farbige Tücher zum Verkleiden hin. Auch Schmuck, ausgediente Stöckelschuhe oder Schleier sind begehrt.

- Ein großer Spiegel und Schminkzeug bereichert das Rollenspiel enorm.
- Alte Leintücher und Wolldecken verwandeln sich beim »Indianern« in Zelte und Wigwams.
- Ein Schachtelhaus, ein Schachteltier, ein Schachtelzug ... Große Schachteln beflügeln die Fantasie der Kinder im Rollenspiel.
- Wir sammeln kleine Warenmuster wie Seifen, Zahnpasta, Handcreme, Schokolade, Bouillon fürs »Kaufmann-Spiel«.
- Kleine Ärzte und Krankenschwestern brauchen für ihre Puppenpatienten Verbandstoff, Watte und Pflästerchen.
- Wir schneiden in eine große Schachtel eine »Fensteröffnung«. Die Kinder spielen Fernseh-Ansage.
- Ein Kind stellt mit typischen Bewegungen einen bestimmten Beruf dar. Wer ihn richtig errät, kommt als Nächster dran.
- Tiere raten: Ein Kind imitiert die Gangart und die Laute eines Tieres. Wer seinen Namen errät, darf das nächste Tier darstellen.
- Berufe und Tätigkeiten erraten: Die Kinder stellen sich gegenseitig kurze Szenen aus dem Berufsalltag pantomimisch vor.

Kaspertheater

Kinder entwickeln dabei: Fantasie, Spielfreude, die Fähigkeit, sich in bestimmte Rollen hineinzuversetzen, den Handlungsablauf im Gedächtnis zu behalten, vor Zuschauern zu spielen, Wünsche und Ängste darzustellen, größeren sprachlichen Ausdruck, mehr soziale Kompetenz. Spiel, Spaß und Unterhaltung mit einfachsten Mitteln, pädagogische Lebenshilfe.

Das Puppenspiel ist eine alte Kunst, die schon seit Jahrhunderten Groß und Klein erfreut. Sie ist über den ganzen Erdball verbreitet. Das Zitat des berühmten Puppenspielers und Autors Friedrich Arndt möchte ich Ihnen nicht vorenthalten. Er sagte einmal treffend über das Wesen des Kasperspiels:

»Der Welt der Kinder entspricht die Welt des Kaspers. So wie das Kind mit den Dingen umgeht, so geht auch der Kasper mit ihnen um. Für ihn hat jeder Gegenstand auch eine wirkende Kraft. Im Kaspertheater kann ein Topf, eine Blume, ein Hammer, eine Glocke, jeder Gegenstand handelnde Person werden. Das ist für das Kind gar kein Wunder, sondern ist den Gesetzen der Welt gemäß, in der es auch in seinem Kinderspiel lebt. Die sich bewegenden Puppen sind für das Kind keine Puppen mehr, sondern wirkliche Lebewesen. Es will übrigens gar nicht während des Spiels daran erinnert werden, dass es sich um Puppen handelt. Es will, dass es Lebewesen sind.«

»Dirullalla, dirullalla, der Kasperle ist wieder da!« Singend und tanzend erobert sich der Kasper die Kinderherzen. Kleine glauben, er sei lebendig, und verfolgen wie gebannt sein Spiel.

Erst wenn Kinder mit etwa vier Jahren selber anfangen, mit einfachen Handpuppen zu spielen, entdecken sie, dass die Figuren aus einem Kopf mit daran befestigtem Kleid bestehen und durch die Bewegung der Hand und des im Kopf steckenden Fingers zum Leben erweckt werden.

Das Kasperspiel bietet Kindern die Möglichkeit, sich in bestimmte Rollen zu versetzen. Sie erzählen als Kasper, Seppel, Hexe, Krokodil, Räuber, Polizist, Großmutter oder Prinzessin Märchen, Geschichten, aber auch eigene Wünsche und Ängste. Erst ältere Kinder können die Organisation und Verantwortung für eine Theateraufführung mit zusammenhängender Geschichte übernehmen. Denn auch Einüben und anderen Vor-spielen will gelernt sein.

Das Puppentheater kann grundsätzlich auf zwei Arten gespielt und verstanden werden. Es kann Unterhaltung oder Lebens- und Bildungshilfe sein. Als Letzteres kann das Puppentheater folgende Funktionen einnehmen: pädagogische Lebenshilfe, Gemütsbildung, Vermittlung von Lernstoff und Wissen, Förderung und Entwicklung der intellektuellen Fähigkeiten.

Mit Puppen jedweder Art können kurze Szenen aus dem Alltag, Geschichten, Märchen, Singspiele, Tanzspiele und anderes mehr aufgeführt werden. Die Möglichkeiten und die Vielfalt der Puppen sind unerschöpflich. Dabei bitte bedenken: Der Stoff muss der Kindergruppe angepasst sein. Karikaturen oder Satire sind für das Vorschulalter nicht empfehlenswert!

Bedeutung für das Kind

Im Hin und Her zwischen Publikum und Puppen liegt der große Wert des spontan gesprochenen Puppenspiels. Die Zuschauer und Zuschauerinnen werden zu Mitspielern und Mitspielerinnen. Im weitesten Sinn ist Puppenspiel eine für die Entwicklung des Kindes sinnvolle Form spielerischer Daseinsbewältigung. Es dient der Erschließung kindlicher Fähigkeiten im Denken, Sprechen, Handeln, im schöpferischen Bewältigen von Konflikten und im Aufbau einer eigenen Wertewelt des Kindes.

Aus dem Familien- und Kindergartenalltag

Wertvolle Impulse für das Puppenspiel ergeben sich aus dem Umgang mit den Kindern selbst. Die meisten Ideen entstehen aus einer momentanen Situation heraus. Spielanlässe für spontanes Spiel können Beobachtungen und Vorgänge sein, die das Kind stark ansprechen, oder es bringt uns etwas entgegen, das wir aufgreifen können. Es ist dann wichtig, dass der Erwachsene nicht an perfekte, »schöne« Figuren und Bühnen gebunden ist, sondern aus einer Erfahrung schöpfen kann, wissend, dass sich in diesem Alter der Kinder auch Interaktionen ergeben mittels einfach gestalteter Figuren. Es braucht von Seiten der Erwachsenen Offenheit und Freude, diese Möglichkeit auszuschöpfen, sowie Einfühlungsvermögen und die Fähigkeit, sich auf das Gegenüber einzustellen.

Erste einfache Spielidee: Für den Anfang eignen sich auch kleine Verse wie der folgende:

Mi-Ma-Mäuschen, bleib in deinem Häuschen,
um das Häuschen dideldum schleicht ein Kater rundherum.
Mi-Ma-Mäuschen, der Kater schlüpft ins Häuschen,
Mäuschen springt zum Fenster raus,
nun lauf zu, du kleine Maus!

Spieler: eine Handpuppe als Kater und eine Fingerpuppe als Mäuschen
Requisit: Stuhllehnen oder kleine Guckkastenbühne
Spielablauf: Das Gedicht wird zuerst von Erwachsenen gesprochen und vorgespielt.
1. bis 4. Zeile: Die Kinder sprechen den Vers, und der Kater schaut dazu links und rechts hinter dem Haus hervor.
5. bis 6. Zeile: Die Kinder sprechen den Vers, der Kater verschwindet hinter der Bühne.
7. bis 8. Zeile: Die Kinder sprechen den Vers. Die Rettung der Maus lässt sich wie folgt durchführen: Die Fingerpuppe wird abgestreift und aus dem Guckkasten-Fenster geworfen. Vor der Bühne steht ein Kind bereit und fängt sie auf. Die Kinder der Gruppe schützen die kleine Maus. Der Kater faucht wütend aus dem Fenster und zieht sich dann zurück.

Spielimpulse

- Wir basteln mit den Kindern einfache Handpuppen aus Stoff oder aus einem alten Socken. Wer versucht es?
- Kleine Kinder spielen frei mit ihren Handpuppen, eventuell hinter einem Stuhl oder einem Tisch.
- Für Kindergartenkinder spannen wir ein Tuch zwischen einen Türrahmen.
- Schulkinder bauen sich mit Hilfe der Eltern eine Bühne mit Kulissen, Beleuchtung und Vorhang.
- Mit Kasper und Handpuppen spielen wir den Kin-

dern kurze Szenen aus dem Alltag vor: Verkehrserziehung, der Kasperl macht am Anfang immer alles falsch und die Kinder müssen ihn korrigieren. Ein anderes Mal spielt er »Essen«, »In den Kindergarten gehen« oder »Katze füttern«. Erstaunlich, was ihm da alles Dummes dazu in den Sinn kommt. Zum Glück wissen es die Kinder besser und korrigieren ihn.

■ Auch Lieder, Singspiele und Tanzlieder eignen sich gut für das Puppenspiel. Denken wir nur an: »Schwesterchen, komm tanz mit mir« – »Hänschen klein, ging allein, in die weite Welt hinein« – »Fuchs, du hast die Gans gestohlen« usw.

■ Wer erfindet eigene Spielgeschichten?

■ Wer spielt den Kindern ein Märchen vor?

Vom Sinn
der Kreisspiele

Kinder entwickeln dabei: Freude am Zusammenspiel, ein Gespür für ihren Platz in der Gruppe, Neugier auf neue Bewegungsabläufe, singen und sprechen, Verständnis für Spielabläufe und Inhalt, Körperbewusstsein, Grob- und Feinmotorik, Schnelligkeit, Rhythmus, Gleichgewicht, Koordinations- und Reaktionsfähigkeit, Raumorientierung, Bewegung und Tanz als Interaktions- und Kommunikationsform.

Spiele und Tänze im Kreis sind international und auf der ganzen Welt verbreitet. Sie haben etwas Archaisches und Elementares an sich und werden allerorts von Kindern und Erwachsenen ähnlich gespielt und getanzt. Sogar die Lieder und Motive gleichen sich. Märchen beginnen mit: »Es war einmal …« und enden zuweilen auf: »Wenn sie nicht gestorben sind, so leben sie noch heute!«. Kreis- und Tanzspiele sind in gewissem Sinne dem Märchen verwandt. Sie enthalten wie diese Volkspoesie. Beiden ist mit dem Verstand allein nicht beizukommen, und beide erfreuen sich bei Kindern zwischen drei und acht Jahren großer Beliebtheit. Denken wir etwa an: »Ich bin ein Musikant«, »Dornröschen ist ein schönes Kind«, »Schwesterchen, komm tanz mit mir« oder »Ringel, Ringel, Rose, schöne Aprikose«.

Mädchen und Jungen sind fasziniert von Singtänzen, Reigen und Kreisspielen verbunden mit Fangen, Raten, Darstellen, Nachahmen. Das Tanzen in der Gruppe macht Spaß. Da Kinder in der heutigen Zeit zu Hause normalerweise zu wenig Spielgefährten haben, bereiten ihnen Kreisspiele in der Krippe, im Kindergarten und der Grundschule viel Freude, Bewegung und ein gutes Gruppengefühl.

Indem das Kind im Kreis spielt, erlebt es die Kreisgestalt. Im Kreis mitmachen bedeutet nicht nur, aufgenommen sein in irgendeine beliebige Gruppierung: Denn hier ist nicht einer an der Spitze, und keiner ist stets der Letzte. Jeder kann Anfang sein und Ende und ist bald das eine und bald das andere.

Kreisspiele sind eine besondere Einübung in soziales Tun und Erleben. In ihnen wird Gemeinschaftsgeist sichtbar. Sie sind eine Urerfahrung der Demokratie. Der Kreis besteht aber nicht nur aus Peripherie, zu ihm gehört die Mitte. Ob das Zentrum durch ein Kind oder ein Kinderpaar markiert ist, um das sich die anderen herumbewegen, oder ob es unsichtbar bleibt, die ruhende Mitte ist immer mit im Spiel.

Der Kreis ist Symbol dafür, dass Anfang und Ende zusammengehören und an jedem Punkt möglich sind; er ist auch Symbol dafür, dass Dynamik und Ordnung gleichzeitig sich nur verwirklichen lassen, wenn es diese ruhende Mitte gibt. Es ist immer ein oft auch unsichtbares Zentrum, welches die Bewegung zusammenhält, welches Zersplitterung und Auflösung verhindert, gleichgültig, ob es sich um eine Kinderschar handelt oder um Gedanken und Gefühle im Menschen.

Weil Tanzspiele dynamische Ordnung um eine ruhende Mitte herum verkörpern, sind sie in unserer turbulenten Zeit von besonderer Aktualität. In ihnen bewahrt sich wohl Traditionelles; aber vom Spiel der Kinder bis hin zum Volkstanz geht es um keine versteinerten, sondern um lebendige Überlieferungen mit Variationen von Ort zu Ort, von Zeit zu Zeit. In ihnen wird das Gestern mit dem Heute verbunden, oft durch kleine Abwandlungen.

Längs- und Breitenkreise auf dem Erdball, die Bewegung der Gestirne und der Satelliten, der Kreislauf der Jahreszeiten, jener des lebensnotwendigen Wassers, aber auch der Umweltgifte und Abfälle, Kreisprozesse im menschlichen Organismus, die Tischrunde, in der man gesellig ist oder Konferenzen abhält, das Kreisen der Gedanken um ein Thema und der Kreis als berechenbare geometrische Form – das alles hat mit der Kreisgestalt zu tun, die das Kind in seinen Spielen gleichzeitig bildet und erfährt. Kreisspiele sind Grunderfahrungen für alle Lebensbereiche.

Abzählreime

Kinder entwickeln dabei: rhythmisches Sprechen mit gleichzeitigem Antippen der Spielpartner, sich in Geduld üben, bis das Endresultat bekannt ist, Frustrationsmomente aushalten, das »Schicksal« annehmen, denn der Abzählreim entscheidet, wer Spielleiter wird im nächsten Spiel, nicht die Kinder.

Humor, Surrealität und Fantasterei hausen im Abzählreim. Moral und Sturheit sind ihm fremd. Souverän lässt er das kunterbunte Leben durchschillern. Da gibt es Füchse, Kühe und Mäuse oder Kaffeebohnen, die nach Amerika reisen ...

Er spielt mit Lautmalereien Verstecken und spricht in unverständlichem Kauderwelsch wie: »Am dam dess« oder »Ellerle, sellerle sigerle, sa ...« Er ist buntscheckig wie ein Resteteppich und launig wie das Wetter im April. Er kann spotten, verballhornen, provozieren. Wenn's ihm passt, macht er aber auch auf sanftmütig und Poesie.

Abzählreime werden im Kreis gespielt

Vor Spielbeginn wählen sich die Kinder mit einem Abzählvers den Spielleiter oder eine Spielleiterin. Die Kinder suchen sich dabei immer die längste Prozedur aus! Der Abzählvers wird so lange ausgezählt, bis alle außer einem Kind ausgeschieden sind. Der Letzte darf jetzt das Kreis-, Sing- oder Fangspiel eröffnen und leiten. Hier ein paar Beispiele:

Ich und du, Müllers Kuh,
Müllers Esel, das bist du!

Ein Kind, das schon viele Erfahrungen gemacht hat mit diesem Abzählvers, hat mir mit Schalk in den Augen anvertraut, wie es die Spielregel für sich zurechtbiegt: »Wenn nur noch zwei Kinder übrig sind und ich auszählen darf, muss ich auf ›Ich‹ bei mir anfangen, dann scheidet der andere am Schluss automatisch aus und ich kann das Spiel eröffnen! Aber bitte nicht verraten, das soll jeder für sich alleine herausfinden!!!«

Eichen, Buchen, Tannen,
du musst fangen,

Tannen, Eichen, Buchen,
du musst suchen!

Ix, ax, ux, der rote Fuchs,
die graue Muus, und du bist raus!

Für die Fäuste

Ellerle, sellerle, sigerle, sa,
ribede, rabede, knoll!

Die Kinder stehen im Kreis und strecken beide Fäuste in die Mitte. Die Spielleiterin oder der Spielleiter sagt den Abzählvers auf und klopft dabei mit der Faust reihum im Versrhythmus auf alle anderen Fäuste. Die Faust, die bei dem Wort »knoll« berührt wird, scheidet aus, sie wird zurückgezogen. Der Abzählvers wird so lange fortgesetzt, bis nur noch eine Faust übrig bleibt. Das ist der Sieger. Er darf nun das Kreisspiel eröffnen und anführen.

Für die Füße

Si sa sugg!

Die Kinder stehen im Kreis und strecken einen Fuß in die Mitte. Auf »sugg« können sie diesen zurückziehen oder stehen lassen. Die Mehrzahl scheidet aus. Bleiben am Schluss nur noch zwei Füße übrig, muss ein dritter aushelfen. Der »letzte Fuß« beginnt das Sing-, Fang- oder Kreisspiel.

»Eins, zwei, drei«: Abzählverse mit Zahlen

Abzählverse mit Zahlen sind bei Kindern sehr beliebt. Sie werden im Kreis gespielt. Hier ein paar Beispiele:

Eine kleine Kaffeebohne
reiste nach Amerika,
Amerika ist zugeschlossen
und der Schlüssel abgebrochen,
eins, zwei, drei
und du bist frei!

Ich bin Peter,
du bist Paul,
ich bin fleißig,
du bist faul.
Eins, zwei, drei,
du bist frei!

Eins zwei drei vier fünf sechs sieben,
eine Frau, die kochte Rüben,
eine Frau, die kochte Speck,
und du musst weg.

Morgens früh um sechs
kommt die kleine Hex',
morgens früh um sieben
schabt sie gelbe Rüben,
morgens früh um acht
wird Kaffee gemacht,
morgens früh um neune
geht sie in die Scheune,
morgens früh um zehne
holt sie Holz und Späne,
feuert an um elfe,
kocht sie bis um zwölfe,
Krebse, Fische, Fröschebein,
und du musst sein!

Bei diesem langen
Abzählreim wird nicht
die letzte, sondern die
erste ausgezählte Person
zum Spielleiter.

Singtänze verlocken zur Bewegung

Schon Kleinstkinder beteiligen sich gerne an Reigenspielen und Singtänzen. Der Bezug des Reimes zur Bewegung und vor allem seine einfache musikalische Form laden zum Mitmachen ein. Ich denke da an das klassische Reigenspiel:

Ringel, Ringel, Reihe,
sind der Kinder dreie,
sitzen unter dem Hollerbusch,
machen alle husch, husch, husch!

Die zweijährige Nina hat diesen Ringeltanz in der Krippe gelernt. Sie liebt ihn und hat das kleine Singspiel ihrer sechs Monate jüngeren Cousine Johanna beigebracht. Die zwei Mädchen halten sich an den Händen und tanzen singend rundum. Auf »Husch, husch, husch!« versuchen die Kleinen in die Hocke zu gehen. Beide haben großen Spaß dabei! Sie lachen und kichern und fangen immer wieder von Neuem an. Manchmal kugeln sie bei »Husch, husch, husch!« gemeinsam auf den Stubenboden ...

Hochzeitsreigen sind beliebt bei Mädchen

Kindergartenkinder lieben Hochzeitsreigen. Besonders die Mädchen träumen gerne von prinzessinnenhaften Brautkleidern und gehen ganz in diesem Singsang auf. In der Grundschule hingegen finden Jungen diese Kreisspiele zu »weiblich« und zu fade. Der achtjährige Stephan erklärte mir auf dem Schulhofplatz: »Bei uns spielen nur die Mädchen Kreisspiele in der Pause. Wir Knaben machen Räuber und Polizei!«

So wird gespielt:

> *Petersilie, Suppenkraut*
> *wächst in unserm Garten.*
> *Unser Ännchen ist die Braut,*
> *soll nicht mehr länger warten.*
> *Roter Wein, weißer Wein,*
> *morgen soll die Hochzeit sein,*
> *roter Wein, weißer Wein,*
> *morgen soll sie sein.*

Der »Bräutigam« geht außen um den Kreis herum und wählt bei der dritten Zeile hinter »Unser« schnell eine »Braut« aus, deren Namen dann gesungen wird. Bei der Wiederholung des Kehrreims tanzen die beiden im Kreis, die anderen klatschen alle dazu. Die »Braut« wird im nächsten Spiel zum »Bräutigam« und so geht das Spiel weiter, bis die Kinder nicht mehr mögen.

Nachahmungsspiele fördern die Reaktion

Eine große Gruppe unter den Kreisspielen bilden die Nachahmungsspiele. Es gibt zwei Typen: Im ersten stehen alle im Kreis und führen die Tätigkeiten pantomimisch zum Text aus, im zweiten steht ein »Vortänzer« in der Mitte (siehe gegenüber).

Hier das klassische Nachahmungsspiel und so wird gespielt: Alle Kinder stehen im Kreis, singen das Spiellied und ahmen die Tätigkeiten pantomimisch nach. Auf den Refrain in der Schlusszeile: »Alles dreht sich herum!« tanzen die Kinder um die eigene Achse.

Wollt ihr wissen, wollt ihr wissen,
wie's die kleinen Mädchen machen?
Puppen wiegen, Puppen wiegen,
alles dreht sich herum.
Wollt ihr wissen, wollt ihr wissen,
wie's die kleinen Buben machen?
Auto fahren, Auto fahren,
alles dreht sich herum.

Wer denkt sich andere Tätigkeiten aus wie: Kaffee trinken – Socken stricken – Bilder malen – Brücken bauen – Bücher lesen usw.

Nachahmungsspiel mit Vortänzer

Der zweite Typ der Nachahmungsspiele hat in der Kreismitte einen Vortänzer. Hier heißt der Refrain in der Schlusszeile meistens: »Und machen alle so wie ich!« Mit einem Abzählvers wird der Vortänzer bestimmt. Der stellt sich mitten in den Kreis, die anderen Kinder gehen singend im Kreis um ihn herum. Auf »Alle Kinder machen so wie ich« bleiben sie stehen. Der Vortänzer ruft die Tätigkeit laut in die Runde und macht sie mit großen Gesten vor. Das Spiel beginnt, die Kinder singen:

Ringel, Ringel, Rosen,
schöne Aprikosen,
Veilchen und Vergissmeinnicht,
alle Kinder machen so wie ich:
Sie setzen sich.
Sie strecken sich.
Sie waschen sich.
Sie kämmen sich.
Sie putzen Fenster.
Sie schreiben auf dem Computer.
Sie dirigieren ein Orchester usw.

Fangspiele im Kreis

»Katz und Maus«, dieses alte beliebte Fangspiel, verlangt ein genaues Beobachten und eine blitzschnelle Reaktion. Wer die Katze oder die Maus sein will, kann sich freiwillig melden. Bei zu vielen Anwärtern wird mit einem Abzählvers ausgewählt.

So wird gespielt: Die Kinder fassen sich an den Händen und bilden einen Kreis. Die Maus steht im Kreisinnern, die Katze draußen. Nun spielt sich folgender Dialog zwischen den beiden ab:

> Katze: »Maus, Maus, komm heraus,
> sonst kratz' ich dir die Augen aus!«
> Maus: »Ich will nicht!«
> Katze: »Dann hol' ich dich!«

Nach diesem Spieldialog flüchtet die Maus, so schnell sie kann. Der Kreis hilft ihr, indem er sie ungehindert aus dem Kreis heraus- oder in den Kreis hineinlaufen lässt. Die Katze wird daran gehindert, damit das Fangspiel spannend wird!

Die siebenjährige Christine gab mir folgenden Spielkommentar zu »Katz und Maus«: »Jagen ist schön! Darum will ich immer die Katze sein. Wenn ich die Maus sein muss, bekomme ich jedes Mal Herzklopfen, wenn ich denke, jetzt fängt sie mich! Und das mag ich nicht. Ich melde mich höchstens als Maus bei einer Katze, die schlechter laufen kann als ich!«

Fangspiele mit Platzwechsel

Neben den zahlreichen Fangspielen im Kreis gibt es auch Fangspiele mit Platzwechsel. Hier als Beispiel »Wilder Mann«.

So wird gespielt: Auf der einen Seite steht der »Wilde Mann«, auf der anderen die Kinder. Der Wilde Mann ruft: »Fürchtet ihr den wilden Mann?« Die Kinder rufen: »Nein«, und versuchen auf die andere Seite des Platzes zu gelangen, ohne dass sie der »Wilde Mann« erwischen kann. Diejenigen aber, die von ihm gefangen worden sind, helfen ihm, bis alle gefangen sind. Das letzte Kind wird im nächsten Spiel zum »Wilden Mann«.

Hier ein Kommentar des achtjährigen Andreas zum »Wilden Mann«: »Ich bin lieber Läufer als wilder Mann. Laufen und ausweichen ist toll! Am spannendsten ist der Platzwechsel, wenn der wilde Mann schon viele Gefangene gemacht hat und die einen alle zu haschen versuchen und man doch noch durchschlüpfen kann!«

Brückenspiele

Es gibt eine Fülle von altüberlieferten Singspielen, dazu gehören auch die Brückenspiele. Wer erinnert sich an ein Brückenspiel aus seiner Kindheit? Mir hat besonders Eindruck gemacht, dass man die zerbrochene Brücke nur mit Gold, Silber und Edelstein flicken konnte!

So wird gespielt: Wie in einer alten Polonaise stehen sich zwei Reihen Kinder gegenüber, reichen sich die Hände, heben sie hoch zur Brücke und singen dazu:

> *Ziehet durch, ziehet durch,*
> *durch die goldne Brücke,*
> *sie ist entzwei, sie ist entzwei,*
> *wir woll'n sie wieder flicken.*
> *Mit was denn? Mit was denn?*
> *Mit Gold und Silber, Edelstein,*
> *der Letzte soll gefangen sein!*

Während des Gesanges versuchen die Kinder von einem Ende aus schnell unter den erhobenen Händen durchzulaufen und bauen sich dann am Ende wieder auf; der jeweils Letzte wird gefangen und scheidet aus.

Hier noch eine Räuber-Variante, die den Buben besonders gefällt! Gespielt wird wie oben:

> *Lasst die Räuber durchmarschieren,*
> *lasst die Räuber durchmarschieren,*
> *durch die goldne Brücke.*
> *Die Brücke ist gebrochen,*
> *wer wird sie wieder machen?*
> *Aus lauter Gold und Edelstein,*
> *das letzte Kind soll unser sein.*

Was Pädagogen zum Kreisspiel sagen

»Es hat keinen Sinn, Spiele theoretisch zu instruieren. Wichtig ist, dass man die Spiele wirklich macht, auch mit Erwachsenen! Nur so kann der Erzieher ungefähr nachvollziehen, was ein Kind während eines Kreisspieles erlebt und empfindet.«

Felix Mattmüller, ehemaliger Rektor der
Sonderschulen in Basel

»Die Spiele, die man mit Kindern spielt, sollten auf der emotionalen Erinnerung der Erwachsenen an ihre eigene Kindheit weitergegeben werden. Bedenken wir mit Empathie und Verständnis, dass nicht alle Kinder jede Rolle übernehmen wollen. Nicht jeder will im Mittelpunkt stehen, nicht jeder will die Maus sein oder eine Hexe usw. Respektieren wir die Gefühle der Kinder. Beim Einführen der Spiele hilft den Kindern unsere ehrliche Begeisterung, dann springt der Funke wie von selber über!«

Maria Caiati, Erzieherin und Autorin, München

»Wir sollten darauf achten, dass die Kinder diese Kreisspiele auch allein spielen können, ohne unsere Hilfe. Spielende Kindergruppen haben heute auf der Straße und auf Plätzen kaum mehr Gelegenheit, sich selber zu organisieren. Der Kindergarten kann helfend einspringen, indem er Zeit, Raum und Anregung zur Verfügung stellt, damit Kinder Sozialisation üben können.«

Ilse Pilgram, Rhythmiklehrerin, Kg.-Seminar Liestal

»In manchen Spielen besteht der zentrale Spielgedanke darin, dass ein Kind Frustration erlebt und überwindet (z.B. die ›schwarze Köchin‹ steht allein im Kreis und alle singen: ›Da steht sie ja, pfui, pfui, pfui!‹) Hier wird ein Vorgang dargestellt, den das Kind in der Realität zutiefst fürchtet: Es wird allein gelassen, abgelehnt, verspottet. Dieses Erlebnis wird aber gehalten durch die Spielregel, die die beängstigende Situation gleich wieder aufhebt und das Kind zum Spielführer werden lässt.«

Gisela Hundertmark, Pädagogin und Publizistin

In unserer schnelllebigen, unruhigen, reizüberfluteten Zeit haben es die Kinder doppelt nötig, Kreisspiele zu pflegen. Sie regen zum Verweilen an, fördern das soziale Verhalten und die Gestaltungskraft. Die scheinbare Eintönigkeit der Kreisspielmelodien entspricht dem gehobenen, freudigen Sprechen der kindlichen Stimme, in welcher sich die ganze Hingabe an eine Anschauung oder an ein Tun ausdrückt.

Spiele
für den Ferienkoffer

Was für Eltern und Kinder wichtig ist: In den Ferien haben Eltern und Kinder mehr Zeit, gemeinsam zu spielen, zu basteln, auf Entdeckungsreisen zu gehen oder die Natur zu erforschen. Wandern, Klettern, Schwimmen, Fahrradfahren, Ballspiele oder Karten- und Würfelspiele sind angesagt. Sie können sich gegenseitig Rätsel stellen, Geschichten und Märchen erzählen und gemeinsam singen. Kinder spielen in den Ferien überall: drinnen und draußen, daheim, auf dem Zeltplatz oder in der Ferienwohnung mit der Familie und ihren Freunden.

Wer mit Kindern verreist, tut gut daran, einige Lieblingsspielsachen und ein paar Überraschungsspiele mit einzupacken. Hier ein paar Anregungen für Spiel und Beschäftigung. Ich wünsche Ihnen fröhliche Ferientage und viele schöne, genüssliche Spielstunden im Familienkreis.

Spiel entspannt, Spiel verbindet und Spiel vertreibt die Langeweile.

Spickzettel für den Ferienkoffer

- Papier, Farbstifte, Schere und Klebstoff dürfen in keinem Ferienkoffer fehlen.
- Falten wir mit den Kindern Hüte als Sonnenschutz und lassen wir Papierschiffchen schwimmen.
- Gesellschafts- und Kartenspiele haben in jedem Feriengepäck Platz.
- Bringen Sie den Kindern außer ein paar Spielregeln auch zwei, drei Kartentricks bei.
- Bilderbücher, ein Vorlese-, Märchen- oder Rätselbuch gehören zum eisernen Notvorrat für Dämmerstunden und Regentage.
- Vergessen wir die Lieblingspuppe und den Teddybär nicht!
- Wer an den Strand fährt, sollte Sandspielsachen mitnehmen und einen aufblasbaren Wasserball.
- Ballspiele sind beliebt, einer fährt immer mit!
- Mit einer Lupe können kleine Forscher überall Dinge aus der Natur beobachten.
- Ein Seil bietet viele Spielmöglichkeiten.
- Singen auf der Fahrt und beim Wandern ist nicht verboten!
- Faschingsschminke und einige Tücher zum Verkleiden können Regentage retten.

Weitere Anregungen siehe unter: »Spielen mit Wasser« – »Spielen im Sand« – »Spiele im Freien« – »Ballspiele« – »Murmeln sind eine runde Sache«. Nachfolgend noch zwei besondere Anregungen:

Klingende Experimente mit Melodieröhren: Mit Melodieröhren sollte nur im Freien gespielt werden! Die etwa einen Meter langen Kunststoffröhren sind in verschiedenen Farben erhältlich. Wir lassen die Melodieröhren über dem Kopf rascher und rascher kreisen (»starten, fliegen und landen«) und verfolgen, wie sich die Tonhöhe entsprechend der Rotationsgeschwindigkeit verändert. Oder wir nehmen den Kunststoffschlauch wie einen Rüssel vor den Mund und variieren den ausgestoßenen Ton durch Drehen und Biegen des Schlauches. Kinder lieben dieses Experimentieren mit Tönen.

Poetische Augenblicke mit Seifenblasen: Dieses herrliche Seifenblasenspiel gibt es in verschiedenen Ausführungen. Mit »Super-Riesen-Seifenblasen« können Kinder ab vier Jahren Zirkusclown Pic spielen. Die großen, schillernden Seifenblasen wirken sehr poetisch.

Das Seifenblasen-Modell »Zauberbär« kann nicht auskippen. Es eignet sich daher gut für eine Reise. Das Bärchen lässt sich gut in der Hand halten. Drückt man ihm leicht auf den Bauch, kommt oben am Kopf automatisch der Blasering zum Vorschein. Das Bärchen zaubert kleine regenbogenfarbige Pustekugeln hervor. Weil die Flüssigkeit beim Seifenblasenspiel so schnell verbraucht ist, kommt eine große Nachfüll-Packung ins Gepäck. Oder Sie stellen die Mischung selbst her:

Rezept für Seifenblasen

4 Esslöffel grüne Seife, Schmierseife oder Seifenpulver
4 Esslöffel Glyzerin aus der Apotheke
1 Liter warmes Wasser

Die Seife im Wasser auflösen und Glyzerin dazugeben. Mit gebogenem Blumendraht, den man mit Wolle umwickelt, lässt sich selbst ein Pustering herstellen.

Gesellschaftsspiele

> **Kinder entwickeln dabei:** Sinn für das Zusammenspiel, Spielregeln befolgen, Sprache, Denken, Konzentration und Merkfähigkeit wachsen, gewinnen ohne Schadenfreude und Triumphieren, verlieren ohne alles hinzuschmeißen oder wutentbrannt davonzulaufen, Rücksicht nehmen, anderen helfen, sich durchzusetzen. Bei Würfelspielen wird das Zählen geübt und die Wahrnehmung von Farb- und Formunterschieden wird spielend trainiert.

Spielpädagogische Aspekte

Gesellschaftsspiele werden zu zweit, zu mehreren oder in Gruppen gespielt. Wenn man zusammen ein solches Spiel spielen will, muss sich jeder an die Spielregeln halten. Deshalb werden sie auch Regelspiele genannt. Es sind Spiele, bei denen das Spielgeschehen jedes Mal nach bestimmten Regeln abläuft. Um Spielregeln anerkennen und einhalten zu können, braucht es schon viel soziale Reife. Regelspiele sind nicht immer an Material gebunden. Denken wir nur an alle Bewegungsspiele wie »Hoppe, hoppe, Reiter« und Fingerverse sowie Kreisspiele, Fang- und Laufspiele.

Gesellschaftsspiele eignen sich besonders gut für die Familie. Dem Spiel in der Familie stehen jedoch oft die großen Altersunterschiede der Geschwister als Hindernis im Weg. Aufgabe der Eltern ist es, Spiele zu finden, welche den Kleinen angepasst sind und die Großen nicht langweilen. Das ist natürlich nicht immer möglich. Kleinen fällt es schwer, sich an vereinbarte Regeln zu halten. Sie können noch schlecht verlieren. Viele werden sehr wütend und stoßen sogar die Figuren auf dem Spielbrett um oder schmeißen die Würfel und Karten auf den Boden, wenn es nicht läuft, wie sie es gerne hätten! Manche werden auch »nur« traurig und verlieren den Mut.

Eltern sollten »traurige Verlierer« ermutigen und gute Verlierer loben und immer darauf achten, dass jeder auch einmal gewinnen kann!

Nur »Spiele ohne Sieger« zu pflegen ist aber keine Lösung des Problems. Sie sind zwar eine gute Bereicherung im Spielangebot. Für die gesunde Entwicklung des Menschen ist es jedoch wichtig, dass er als Kind im Spiel lernt, mit Anstand zu verlieren oder zu gewinnen. Regelspiele helfen ihm dabei. Erst im Schulalter ist der Sinn für Regeln, das Reihum-Prinzip und »faires Spiel« entwickelt. Wir sollten Kleine nicht überfordern, sonst vergällen wir ihnen den Spaß an Gesellschaftsspielen.

»Lernspiele«

Genau genommen ist jedes Spiel auf seine Art ein »Lernspiel«, denn bei jedem Spiel lernt das Kind etwas. Kartenspiele mit Bildern und Zahlen entwickeln die Merkfähigkeit. Bei Würfelspielen wird das Zählen geübt. Auch die Wahrnehmung von Farb- und Formunterschieden wird spielend trainiert. Die Sprache, das Denken, die Konzentration und das Zusammenspiel werden gefördert. Bei »Lern-spielen« dieser Art müssen Erwachsene mitspielen und die Kinder in die Spielregeln einführen. Manchmal übernehmen auch ältere Geschwister diese Funktion. Kinder sind oft erstaunlich geschickt und Erwachsenen schnell ebenbürtig oder gar überlegen! Ich denke da etwa an Merkfähigkeits- und Gedächtnisspiele wie Lotto, Farben- und Bilderdomino, Schnipp-Schnapp, Memory und Würfelspiele.

Buchstabenspiele, Wortspiele und Zahlenspiele sind bei Lese-Anfängern beliebt. Es gibt graphisch wunderschön gestaltete Leselernspiele. Fortgeschrittene würfeln Buchstaben und versuchen, damit möglichst lange Wörter zu bilden. Schüler und Erwachsene erfreuen sich an Kreuzwort-Legespielen.

»Lernspiele« dürfen nicht nur belehrend sein oder zu stark nach Schule »riechen«, sonst verlieren die Kinder bald das Interesse daran. Das Wichtigste ist auch hier die Freude am Spiel.

Kartenspiele

Spielkarten sind ein sehr altes und beliebtes Spielzeug! Es gibt unzählige Varianten wie etwa Elfer raus, Schwarzer Peter, Patience, Tschau Sepp, Mau Mau und Quartette aller Art. Kartenspiele verlangen vom Spieler schon viel Kombinationsfähigkeit und Taktik. Ein Kartenspiel hat in jedem Ferienkoffer Platz! Bei einer Spielrunde kann die ganze Familie mitmachen. Mit älteren Kindern werden anspruchsvollere Kartenspiele wie Canasta oder Rommé spannend.

Würfelspiele und Wettrennspiele

Würfelspiele und der Gebrauch von Würfeln bei Glücksspielen sind mindestens 5000 Jahre alt. Bei Spielen, in denen nur der Zufall entscheidet, können schon Kleine mitmachen. Wenn taktische Überlegungen den Erfolg bestimmen, sind sie meist erst für Schulkinder geeignet. Bei Farbwürfelspielen bestimmt die gewürfelte Farbe, was der Spieler tun muss. Zu Wettrenn-Würfelspielen zählen das klassische Gänsespiel, Leiterspiel und »Eile mit Weile«. Und »Fang den Hut« spielen wir nach dem Grundsatz: Mit Taktik, Würfelglück und Mut kriegst du so manchen unter deinen Hut.

Neue Würfelspiele wurden in letzter Zeit entwickelt für Kinder ab vier Jahren unter dem Motto: »Wer hilft – gewinnt!« Es sind spannende Gesellschafts- und Unterhaltungsspiele, deren Besonderheit darin liegt, dass die Spieler nicht gegeneinander, sondern miteinander spielen. Je mehr die Spieler sich gegenseitig helfen, desto eher steigen die Chancen, gemeinsam zu gewinnen.

Aus dem großen Angebot sei hier noch das Würfelspiel mit Witz, »Malefiz«, erwähnt. Die einmalige Mischung aus Glück und Taktik, spannend bis zur letzten Sekunde, ist ein ideales Familienspiel.

Die alten Griechen, Römer und Germanen kannten bereits ein unfehlbares Rezept gegen die Langeweile: Sie pokerten, knobelten und trudelten mit Würfeln. Wer versucht es auch? Ein Becher, mehrere Würfel und ein Taschenbuch mit Anleitungen für Spiele mit Würfeln genügen.

Brettspiele

Brettspiele werden auf einem Holzbrett oder einer Karton-unterlage gespielt. Jedes Spiel hat seine eigene Geschichte. Viele sind von alters her überliefert bis in unsere Zeit. Neue Spiele, mit ganz eigenen, noch nicht da gewesenen Spielre-geln, werden nur ganz selten erfunden. Die meisten Neuhei-ten sind alte Spiele in abgewandelter Form, eine Variante von Bekanntem.

»Mühle« zählt zu den ältesten Spielen der Welt. Am Tempel von Kurna in Ägypten ist ein Mühlebrett in eine Dachplatte graviert, vermutlich von einem der Arbeiter, die den Tempel 1400 v. Chr. bauten. Auch bei den Ausgrabun-gen von Troja hat man ein Mühle-Schema gefunden. Die ersten Mühlebretter sahen ebenso aus wie die heutigen: konzentrische Quadrate mit Linien, die ihre Seiten unter-teilen. »Mühle« ist ein Zweierspiel. Jeder Spieler hat 9 wei-ße oder schwarze Steine. Es wird auf 24 »Punkten« des Brettes gespielt.

»Halma« wurde 1883 vom Amerikaner George Howard Monks erfunden und ursprünglich auf einem quadratischen Spielbrett gespielt. 1892 brachte ein deutscher Spiele-hersteller das heute bekannte Stern-Halma heraus. Ziel des Spieles ist es, die Feldformation der eigenen Steine genau gegenüber im gegnerischen Bereich aufzustellen. Es dürfen eigene und gegnerische Steine übersprungen werden. Wer zuerst alle Felder des Gegners besetzt, hat gewonnen.

»Schach« wird auch »das königliche Spiel« genannt. Es ist wohl der berühmteste Klassiker unter den Brettspielen. Es wurde einst von den Königen und dem Hochadel Euro-pas gespielt. Ursprünglich war Schach ein indisches Kriegs-spiel. Von Indien wanderte es nach Persien und gelangte schließlich mit den arabischen Eroberern nach Spanien. Über kein anderes Brettspiel wurden so viele Bücher geschrieben. Und an keinem messen sich so viele Meister in Geist und Logik. Schon der Anfänger spürt die Faszination und entdeckt mit jeder Partie neues Spielvergnügen. Eigentlich ist Schach für kleine Kinder zu schwer. Aber manchmal haben Fünf- bis Siebenjährige schon Freude daran, wenn der Opa mit ihnen spielt und die Regeln erklärt. Denn Spielfiguren, die als Könige, Damen, Bauern, Reiter und Türme daherkommen, verbreiten eine ganze besondere Faszination!

Ein Spielmagazin, das mehrere bekannte Spiele enthält, ist für jede Familie unentbehrlich. Viel Spaß, auch beim Suchen nach neuen Brettspielen.

Denk- und Geschicklichkeitsspiele

Kinder entwickeln dabei: die Fähigkeit zum logischen, abstrahierenden und systematischen Denken. Es gibt eine riesige Auswahl von Spielsachen, die nicht nur (aber auch) der Unterhaltung dienen. Darüber hinaus sind sie geeignet, die Beobachtungsgabe zu schärfen, das Reaktionsvermögen zu üben, die Geschicklichkeit zu verbessern und Flexibilität im Denken anzuregen. Knobeln und Pröbeln machen Spaß!

Formensteckspiele & Co.: Das Ein- und Ausräumen ohne Beachtung der Formen macht schon einjährigen Kindern Freude. Etwa ab zwei Jahren versuchen die Kinder, die Aufgabenstellung von Steckspielen durch Beobachten, Überlegen, Kombinieren und Probieren zu lösen. Am Anfang können sie zum Beispiel einzelne Elemente auf einen Stab stecken. Jetzt erkennen sie die einfachen Formen: rund, quadratisch, dreieckig. Das Zuordnen der Farben begreifen sie erst später. Formensteckspiele fördern das Denken, die Geduld und die Ausdauer. Gleichzeitig entwickeln die Kinder ihre Fingergeschicklichkeit: Sie lernen, Zapfen in Löcher hineinzustecken oder Formen in passende Löcher fallen zu lassen.

Formensteckkasten: Formensteckkästen sind zu empfehlen ab zwei Jahren. Es gibt sie aus Holz und aus Plastik. Im Deckel haben sie zum Beispiel unterschiedliche Löcher und entsprechende Klötzchen dazu. Zu jeder der verschiedenen Formen muss das Kind im Deckel die passende Öffnung finden. Die Kinder lernen dabei runde, dreieckige, quadratische und längliche Formen unterscheiden. Beim Durchfallen verursachen die Steckformen lustigen »Lärm«. Durch das Aufschieben einer Seitenwand können die Klötzchen herausgenommen werden und das Spiel beginnt von vorn.

Säulensteckbrett: Hübsche Steckbretter aus Holz mit eingestanzten runden Löchern animieren die Kinder, die dazugehörigen Säulen nach Formen, Farben und Größen zu sortieren und in die richtigen Lücken zu stecken. Mit zwei Jahren finden die Kinder das sehr spannend.

Farbkreis-Pyramide: Sehr beliebt bei Kindern sind auch die wunderschönen Farbenkreis-Pyramiden, sie haben manchmal bis zu zwölf Scheiben in zwölf verschiedenen Farben. Mit Ernst und Eifer versuchen die Kleinen, diese nach ihren Größen zu ordnen und über den Stab zu stecken.

Legen und Nageln: Etwa ab drei Jahren beginnen die Kinder, mit farbigen Elementen Bilder und Ornamente zu legen. Sie lernen dabei verschiedene Formen und Farben erkennen und diese bewusst einzusetzen. Farbe und Form der Legematerialien inspirieren die Kinder zu vielfältigen Mustern. Die Aufgliederung und Gestaltung der Muster erfolgt meist in rhythmischen Reihen, sternförmig oder in symmetrischer Anordnung. Diese Beschäftigung fördert die optische Wahrnehmungsfähigkeit. Bilder-Legetafeln regen zum Sprechen und Geschichtenerzählen an.

Das Nageln ist eine Vorübung für späteres Werken und Handarbeiten. Kleine Holzplättchen, die ein Loch in der Mitte haben, werden beim Nagelspiel auf eine Korkplatte genagelt.

Legespiel und Mosaik: Von guten Spielzeugherstellern gibt es hübsches Legematerial, sauber verarbeitet, aus Hartholz und farbig poliert. Die Teile sind 1 cm dick und besonders groß. Dadurch sind sie auch für kleinere Kinder grifffreundlich. Das Legespiel sollte Teile haben in der Form von Quadraten, Dreiecken, Rhomben, Kreisen, Halbkreisen, Ringen, Halbringen oder Stäbchen in verschiedenen Längen. Damit lassen sich freie Bilder oder Muster legen.

Nagelspiel: Die Idee des Hämmerchen-Spiels ist alt. Wir spielten selber als Kinder damit. Der Umgang mit den kleinen Nägeln verlangt schon geschickte Hände. Darum eignen sich Nagelspiele erst ab etwa fünf Jahren. Genagelt wird auf einer Korkplatte mit einem Holzhammer. Die Nägel sind vernickelt. Die 3 mm dicken Holzplättchen sind in geometrische Formen geschnitten, haben je ein Loch in der Mitte und sind häufig in vier Farben sortiert.

Fragen Sie im Fachgeschäft, manchmal ist solches Nagelmaterial auch offen erhältlich und Sie können die Menge nach Bedarf zusammenstellen.

Hammerspiel: Meistens werden Stöpsel aus Holz oder Kunststoff mit einem Hammer durch Löcher einer Klopfbank getrieben. Neu gibt es auch Hammerspiele, bei denen farbige Holzkugeln durch die Löcher geklopft werden. Es braucht relativ viel Kraft und macht herrlich Krach. Ab etwa 18 Monaten ist dieses Hammerspielzeug eine beliebte Bewegungs- und Zielübung.

Bilder-Legespiel: Bilder-Legespiele sind eine Beschäftigung für Kinder von vier bis acht Jahren. Farbige Legekärtchen mit unterschiedlichen Bilddetails werden auf einer stabilen Kunststoff-Legetafel als Bildunterlage mosaikartig zusammengefügt, sodass ein Bild entsteht. Die Kärtchen sind grafisch so angelegt, dass sie untereinander ausgetauscht werden können. Darum entstehen immer wieder neue Bilder. Bäume, Tiere, Menschen, Wolken und Sonne lassen sich zu Bildgeschichten legen. Wer versucht es und erfindet eine Geschichte dazu?

Tangram: Unter den vielen in Europa beliebten Legespielen nimmt das Tangram eine besondere Stellung ein. Das Puzzle kommt aus China und wird bei uns auch als »Kopfzerbrecher« bezeichnet. Das Spiel besteht aus sieben einfachen geometrischen Formen, die sich durch die Unterteilung eines Quadrates ergeben. Schon dieses Quadrat nachzulegen ist ohne Vorlage nicht einfach. Der Sinn des Spiels besteht darin, aus den sieben Formen Figuren zu legen. Die Vielfalt an Figuren, die aus den einfachen Grundformen entstehen können, ist erstaunlich. Achten Sie beim Kauf auf ein Beilageheft mit Vorlagen. Die kleineren Kinder legen freie Muster, die größeren versuchen, die Aufgaben zu knacken. Es soll mehr als 200 Legemöglichkeiten geben!

Spielimpulse

- Ratespiel: Ich sehe etwas Rundes (Viereckiges, Dreieckiges) im Zimmer, wer sieht es auch?
- Wir versuchen, gleiches Material oder ein bestimmtes Detail an verschiedenen Gegenständen zu erkennen: Knöpfe, Wolle, Fransen, Gürtelschnallen ...
- Die Kinder spielen mit der Knopfschachtel. Sie sortieren die Knöpfe nach Größen, Farben und Formen. Sie legen Knopfbilder.
- Welche Muster lassen sich mit Wäscheklammern legen?
- Wir zeichnen mit dickem Filzstift auf Kartonunterlagen die Konturen einfacher Formen wie Haus, Schiff, Schnecke, Ball. Die Kinder können diese Bilder mit selber gesammelten Tubendeckeln oder Flaschenverschlüssen auslegen.
- Die Kinder schlagen Nägel in Holzbrettchen und spannen mit Gummiringlein oder Fäden geometrische Muster.

Puzzles

Schon Zweijährige können mit ganz einfachen Puzzles spielen. Da es verschiedene Schwierigkeitsgrade gibt, begleiten Puzzles Kinder bis ins Erwachsenenalter. Als Zeitvertreib im Krankenbett wird auf einem Servierbrett gespielt. Bei diesen Spielen geht es um das Erkennen und Vergleichen von Linien, Formen und Größen. Das Finden von passenden Stücken und das Zusammensetzen von Teilen zu einem Ganzen machen den Reiz des Spieles aus. Der Schwierigkeitsgrad des Zusammensetzens wächst im Laufe der Zeit:

- Die ganz Kleinen stecken oder versenken ganze Figuren oder geometrische Formen in entsprechende Ausschnitte. Üblicherweise haben die (häufig Tiere darstellenden) Holz- oder Kunststoffteile kleine Griffe, an denen sie leicht aufgenommen und abgelegt werden können.
- Später wird ein in »natürliche« Bestandteile zerlegter Gegenstand zusammengesetzt. Ein Männchen hat etwa Kopf, Rumpf-, Arm- und Beinteile.
- Je älter die Kinder, desto kleiner können die Puzzleteile werden. Bilder, willkürlich in großformatige oder kleinere Teilstücke zerschnitten, gilt es, zu einem Ganzen zusammenzusetzen.

Bilderwürfel

Die Spielzeughersteller haben diese alte, aber noch immer beliebte Spielidee aufgegriffen: Mit mehreren Würfeln werden Bilder zusammengestellt. Meistens sind es 16 Holzwürfel. Manchmal haben sie auf allen sechs Würfelseiten verschiedene Bildmotive, die bei richtiger Zusammensetzung ein Bild ergeben. Oft sind es Märchen wie Froschkönig, das Rotkäppchen, Schneewittchen und die sieben Zwerge oder Hänsel und Gretel. Bilderblätter für die Märchen liegen als Vorlage bei. Sie erleichtern den Kindern den Einstieg. Die »raffinierten« Bilderwürfel jedoch haben nur vier Bildseiten und auf der fünften zum Beispiel eine Schlange, die sich zusammensetzen lässt. Und auf der sechsten Fläche kann man Zahlen von 1 bis 16 legen. Diese Zusammensetzspiele sind ab drei Jahren zu empfehlen. Sie regen die Beobachtungsgabe und Erzähllust der Kinder an.

Kreisel und »Jo-Jo«

Kinder entwickeln dabei: Feinmotorik, Handgeschicklichkeit, Koordination. Beide Spielsachen scheinen auf den ersten Blick sehr einfach. Doch die Handhabung von Kreisel und Jo-Jo erfordert eine äußerst präzise Bewegung. Die motorische Geschicklichkeit und die notwendige dosierte Kraft entwickeln meist erst Schulkinder. Auch hier gilt, Übung macht den Meister.

Kreisel fasziniert die Kleinsten einfach immer! Wer erst einmal herausgefunden hat, wie man den Kreisel dazu bringt, sich lange und gleichmäßig zu drehen, mag oft gar nicht mehr aufhören damit. Ich erinnere mich noch genau an das Glücksgefühl als Kind, wenn er sich zu drehen begann und surrend über den Boden glitt! Heute gibt es viele verschiedene Modelle, vom kleinen Holzkreisel, den man mit dem Daumen und dem Zeigefinger auf dem Tisch zum Tanzen bringt, bis hin zum Peitschenkreisel.

Griffkreisel: Dies ist ein großes und robustes Kreiselmodell. Es besteht aus zwei losen Teilen: dem Kreisel mit Holzstab und dem Griff. Zum Starten halten wir den Kreisel etwas über dem Boden und ziehen die Schnur mit kräftigem Zug ganz heraus. Der Kreisel fällt aus dem Griff auf den Boden und läuft bisweilen minutenlang selbstständig weiter.

Schnurkreisel: Der Schnurkreisel ist etwas größer und hat oben einen Ring mit Schnur. Er wird zum Starten an diesem

Ring gehalten; dann ziehen wir die Schnur rasch heraus und lassen sie los. Sie wickelt sich sofort von selber auf. Erst jetzt stellen wir den Schnurkreisel auf den Boden! Variationen: Man kann ihn auch im »Kopfstand« starten und laufen lassen.

Peitschenkreisel: Das Schnurende der Peitsche wird von oben gegen die Spitze auf den Kreisel gelegt und dann im Uhrzeigersinn von unten nach oben um den Kreisel gewickelt. Linkshänder müssen andersherum wickeln. Der Spieler hält den Kreisel von oben her in gebückter Haltung mit der linken Hand knapp über dem Boden. Dann reißt er mit der rechten Hand rasch die Peitsche zurück und lässt gleichzeitig den Kreisel los. Geschickte Spieler können den Kreisel nun mit der Peitsche schlagen und in eine gewünschte Richtung treiben. Das braucht viel Übung und Spielerfahrung!

Jo-Jo: Die meisten Jo-Jos sind aus zwei Holzscheiben zusammengesetzt, die man durch geschickte Handbewegungen über eine Schnur in der Mitte hinauf- und hinunterlaufen lassen kann. Es gibt sie in verschiedenen Größen und Dicken, mit und ohne grafisches Design. Ein Spiel, das überallhin mitgenommen werden kann. Das Jo-Jo-Spiel fördert die Konzentration, die Feinmotorik und die Augen-Hand-Koordination.

Labyrinth, Flohspiel und Mikado

Kinder entwickeln dabei: die notwendige Körperbeherrschung, Geschicklichkeit, Geduld und Ausdauer, um das
Ziel zu erreichen. Diese Eigenschaften bringen meistens
größere Kinder auf. Diese Spiele können zum Teil auch
allein gespielt werden. Es sind kleine Gelegenheitsspie-
le, die helfen, Wartezeiten zu überbrücken und Langeweile zu vertreiben. Das Labyrinth ist auch ideal als Zeitvertreib im Krankenbett oder auf einer langen Bahnfahrt.

Labyrinth-Kugelspiel und Zubehör: Das Labyrinth-Kugelspiel von Brio verliert nie seinen Reiz, denn der Ehrgeiz, die
Kugel endlich ans Ziel zu bringen, wächst mit der Fertigkeit.
Das Spiel fördert die Konzentration und die Feinmotorik jedes Siebenjährigen! Es ist ein Spiel zur Übung von Geschicklichkeit, Reaktion und Geduld. Mit den zwei Manövrier-
knöpfchen lässt sich die Plane mit beiden Händen in jede
Richtung neigen: Die Stahlkugel soll dem markierten Weg
entlang ins Ziel geführt werden. Für Anfänger gibt es zwei
Übungsplatten mit steigendem Schwierigkeitsgrad, welche
auf die Spielfläche aufgelegt werden können. Der Labyrinth-
Kasten und die Platten sind aus Holz. Es wird auf einer festen Unterlage gespielt. Der Labyrinth-Spielkasten ist aus
Holz und etwa 33 x 29 x 10 cm groß.

Daneben gibt es kleine Labyrinth-Spiele, die man gut in
der Hand halten kann. Sie sind aus Kunststoff und oft in den

Farben Schwarz und Weiß gehalten. Eine bis fünf Stahlkü-
gelchen sollen durch die schmalen Gänge zum Mittelpunkt
getrieben werden. Wem gelingt's?

Flohspiel: Das Flohspiel eignet sich für Kinder ab fünf Jahren. Es ist ein wahrer Klassiker, der besonders gut auf Tep-
pichböden oder dicken Tischtüchern funktioniert. Zugege-
ben: Geschick alleine ist nicht alles, es braucht schon eine
Portion Glück, damit die Scheibe dort landet, wo sie hin
soll. Der Flohpilz enthält 6 große und 36 kleine »Flöhe«.
Nur mit viel Geschicklichkeit und Übung erreichen die Kinder Treffsicherheit und meisterliches Können beim Flöhe-
Spicken. Die Spieler versuchen ihre Plastikchips durch
»Schnippen« in eine Schachtel oder einen Becher zu beför-
dern. Die großen Chips werden am Rand auf einen kleinen
Chip gepresst, welcher dann in hohem Bogen durch die Luft
fliegt – wie ein Floh eben.

Mikado: Mikado ist ein sehr altes Geschicklichkeitsspiel.
Wie lautet die altbekannte Spielregel? Alle Stäbchen senk-
recht in die Hand nehmen und auseinanderfallen lassen.
Keines der Stäbchen darf beim Aufnehmen wackeln, sonst
kommt der nächste Spieler dran. Dafür braucht es viel Fin-
gerspitzengefühl, ruhige Bewegungen und Geschicklichkeit.
Es gibt Mikados in allen Varianten, vom Mini- bis zum Rie-
sen-Mikado.

Sprachspiele

Kinder entwickeln dabei: Sprachverständnis und einen größeren Wortschatz, Erzählkompetenz und Dialogverständnis. Durch die vielfältigen Kombinationsmöglichkeiten mit Bewegungen wie Hüpfen, Patschen, Klatschen, Singen und Rhythmik sind Sprachspiele reines Fitnesstraining fürs Gehirn. Kinder üben lustvolles Zuhören, Nachsprechen, Wiederholen, Reagieren auf Fragen und das Ausdrücken eigener Gefühle und Wünsche. Sie entwickeln mit Spielversen eine Brücke vom Ich zum Du zum Wir und viel Sprachkompetenz auf natürliche Weise.

Traditionelle Sprachspiele wie Fingerverse, Gänsemarsch, Klatschspiele oder Handgeschichten sind ideal zur Förderung der Sprache in der Familie, im Kindergarten und der Grundschule. Die neuste Hirnforschung zeigt, dass Sprachspiele, die alle Sinne ansprechen und mit Bewegungen kombiniert werden, die Hirnsynapsen am nachhaltigsten anregen. Der Grundstock zu einer gesunden Sprachentwicklung wird in den ersten vier Lebensjahren gelegt. Auf dieses Fundament baut die weitere Sprachentwicklung auf. Darum ist es so wichtig, dass wir schon mit Kleinkindern täglich spielen und sprechen. Die Sprache verschafft ihnen den Zugang zu sich selbst und zur Welt. Sie üben Zuhören, Nachsprechen, »sammeln« Wörter, reagieren auf Fragen, drücken eigene Gefühle und Wünsche nonverbal und mit Worten aus. Der Weg vom Fingervers, der sprachlich einfachen »Mini-Geschichte«, zum Verstehen eines »langen«, sprachlich wohlformulierten Märchens ist weit!

Alle meine Sprachspiel-Sammlungen habe ich im deutschsprachigen Raum (Schweiz, Deutschland, Österreich und Südtirol) zusammengestellt und gemeinsam mit Kindern, Eltern, Großeltern und ErzieherInnen erprobt. Sie haben sich im Umgang mit Kindern zwischen drei und neun Jahren bewährt. (Siehe auch den Abschnitt »Abzählreime« und »Singtänze« im Kapitel *Vom Sinn der Kreisspiele*.)

Wiederholung ist das A und O

Bis Worte oder Begriffe im Hirn eines Kindes haften bleiben, müssen sie etwa fünfzigmal wiederholt werden. Wiederholungen geben den Kindern Sicherheit und Struktur, daher sind sie fasziniert, wenn sie etwas in- und auswendig kennen. Können macht sie stark und selbstbewusst. Da traditionelle Spielverse die Lust zum Wiederholen anregen, sollten Erwachsene sich nicht wundern, wenn Kinder tagelang den gleichen Vers oder das gleiche Lied immer wieder hören, sprechen und spielen wollen. Keine Angst: Wenn ein Kind »seinen Vers« genug gespielt hat, wechselt es zu einem neuen.

Das Geheimnis einer guten Spracherziehung

Erwachsene kennen möglichst viele Sprachspiele und bieten diese im richtigen Moment spontan an: wenn das Kind Trost braucht, die Sonne lacht, wenn es regnet, vor dem Essen oder vor dem Einschlafen usw. Dabei ist der Sinn dieser

Wortspiele nicht, dass Kinder die Verse streng auswendig lernen und vorsagen. Es geht vielmehr um eine sprachfördernde Atmosphäre, die ein spielerisches Nachahmen ermöglicht. Kinder sind wissbegierig und wollen lernen – besonders im Alter zwischen vier und sechs Jahren. Der Entdeckergeist der Kleinen unterstützt die Neugierde auf Sprachspiele, Bewegung, Lieder und Tänze.

Die Dynamik dieser Spiele lässt sich steigern durch lautes und leises, hohes und tiefes, schnelles und langsames Sprechen. Wichtig ist, dass wir den Kindern genügend Zeit geben, damit sie innerlich »mitschwingen« können, und das ist erst nach etwa fünf Minuten möglich. Würgen wir darum die Wiederholung nicht ab.

Kinder, die traditionelle Spielverse mit dem ganzen Körper und allen Emotionen spielen und sprechen, können diese später kreativ variieren, denn die Sequenzen sind kurz und lassen Spielraum für eigene Aktivitäten und Improvisationen. Freuen wir uns, wenn ein Kind einen Reim verändert und eigene Spielideen entwickelt. Genießen wir gemeinsam täglich die Freude an Sprache und Bewegung. Erleben wir im Alltag immer wieder neu, warum Kinder Verse lieben und brauchen!

Spielverse sind häufig auch Turnverse. Denken wir nur an Blas- und Pfeifspiele, Zungenkünste, Geräuschverse, Handgeschichten, Fingerverse, Malspiele, Kniereiter, Abzählreime, Klatschverse, Schnellsprecher und Marschverse. Gute Verse tragen immer einen Funken Humor in sich und lösen bei den Kindern Heiterkeit aus.

Die Feinmotorik ist mit dem Sprachzentrum verbunden. In der Entwicklung der Kinder besteht ein direkter Zusammenhang zwischen Bewegung und Sprache. Kinder, die in den ersten Jahren eine gute Sprachförderung gekoppelt mit Bewegung erhalten, haben es später in der Schule leichter. Sie können meist ihre Gedanken besser formulieren, Gefühle und Wünsche äußern, Erlebnisse erzählen, Geschichten erfinden oder nacherzählen, soziale Kontakte knüpfen, Probleme aussprechen und Konflikte verbal lösen.

Sprachprobleme und fremdsprachige Kinder

Da heute viele Kinder Sprachprobleme haben und immer mehr fremdsprachige Kinder den Kindergarten und die Schule besuchen, können lustbetonte Sprach-Spielanregungen eine gute Hilfe beim Deutschlernen sein. Ja, sie wirken sogar heilend. Kinder lernen hier durch kurze Zeitfenster spielerisch und ohne jeden Druck ihren Wortschatz zu vergrößern, Satzstrukturen zu wiederholen und erlangen dadurch mehr Sprachkompetenz. Bitte das Kind nicht zum Nachsprechen zwingen. Der Kehlkopf »übt« die neue Sprache im aktiven Zuhören, dann erst folgt akustisch sicheres Aussprechen.

Mundart und Hochsprache

Heute wird in der Schweiz in vielen Kindergärten Hochdeutsch gesprochen. Bisher wurde Mundart geredet. Man möchte mit dieser Verordnung den Kleinen helfen, den Übergang zur Hochsprache leichter zu schaffen, damit sie einen besseren Start in der Schule haben.

Meine Beobachtung ist, dass Mundart und die verschiedenen regionalen Dialekte immer wieder einmal verpönt waren, weil die Kinder angeblich in der Schule schlechter Schreiben und Lesen lernen. Die Mundartsprache jedoch ist die Sprache des Herzens. Sie ist etwas sehr Reiches, Persönliches und Eigenes. Ich denke, Vorschulkinder brauchen beides: Die Sprachentwicklung hängt nicht allein vom Dialekt oder der Hochsprache ab, sondern von der Vielfältigkeit und dem Potential der Wortwahl und der Lust, mit Sprache kreativ umzugehen. Kinder brauchen Gespräche, Märchen, Verse, Lieder und Bilderbücher, in jeder Sprache, zu Hause und im Kindergarten, damit sie später Lust auf das Lesen bekommen.

Das goldene Zeitalter der Spielverse

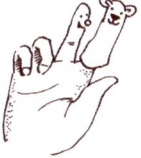

Leider ist diese für Kinder so wichtige Art der Sprachkommunikation heute vielerorts abgebrochen. Viele Erwachsene kennen kaum noch Verse und können sie deshalb nicht mehr spontan anbieten. Sie müssen sich dieses Wissen aus Büchern und in Kursen wieder aneignen.och die Mühe lohnt sich hundertfach, wenn man die intensive Reaktion der Kleinen sieht. Wie viel Freude,Nähe,Spannung und Genuss löst diese Wiederholung der traditionellen Sprachspiele aus.

Zwischen drei und acht Jahren ist für Kinder das goldene Zeitalter der traditionellen Spielverse gekommen. Anfangs sind sie vom rhythmischen Singsang kleiner Reime fasziniert, wiederholen Silben und sprechen die Verse nach. Wenn diese zum Spielen, Bewegen, Lachen und Nachahmen animieren, lösen sie eine freudige Lust auf Wiederholung aus. Die Kinder spielen oft über längere Zeit intensiv nur »ihren« Vers. Die erlebte Sprachfreude weckt im Kind das Bedürfnis, mit Wörtern schöpferisch umzugehen. Gefördert wird die Fantasie, die inneren Bilder, das Fabulieren genauso wie die Feinmotorik, die Augen-Hand-Koordination und das Gedächtnis. Hier zwei Dauerbrenner für Drei- bis Sechsjährige.

Apfel, Apfel, Stückli,
alle sind wir glücklich,
alle sind wir froh
und machen so!

Zum Vers abwechselnd rhythmisch in die Hände klatschen und auf die Schenkel patschen, auf »machen alle so« wird eine Bewegung ausgeführt und nachgemacht.

Der Bauer und fünf Schweinchen

So wird gespielt: Die fünf Finger laufen als Schweinchen über den waagrecht gehaltenen Arm, von der Schulter bis zur Hand. Dazu sprechen die Kinder:

Fünf Schweinchen kommen gelaufen,
der Bauer will sie verkaufen:
das Schnüffelnäschen,
das Wackelöhrchen,
das Kugelränzchen,
das Ringelschwänzchen.

Der Reihe nach die Fingerspitzen der einen Hand mit dem Zeigefinger und Daumen der anderen Hand antippen. Beim Daumen beginnen.

Da ruft das kleine Wackelbein:
»Kommt, wir gehen alle heim!«

Stimme des Wackelbeins nachahmen. Alle fünf Finger laufen grunzend über den waagrecht gehaltenen Arm bis zur Schulter wieder »nach Hause«.

Schlaflieder und Trostverse

Schlaflieder und Trostverse sind uralt und auf der ganzen Welt bekannt. In ihrem leisen Singsang wohnt magische »Zauberkraft«. Schlaflieder beruhigen Kinder und begleiten sie ins Traumland. Trostverse bannen den kindlichen Schmerz. Die Heilkraft des Verses »bläst« den Schmerz weg!

Zum Trösten, wenn das Kind weint

Heile, heile Kätzchen,
das Kätzchen hat vier Tätzchen
und einen langen Schwanz,
morgen ist alles wieder ganz.

Heile, heile Segen,
sieben Tage Regen,
sieben Tage Schnee,
dann tut dem Schätzchen
nichts mehr weh!

Wenn das Kind missmutig ist

Vögel, die nicht singen,
Glocken, die nicht klingen,
Kinder, die nicht lachen,
was sind denn das für Sachen!

Zum Trösten bei Schluckauf

Schluckauf und ich gingen über die Brück',
Schluckauf und ich kamen wieder zurück.
Schluckauf und ich gingen über den Steg.
Schluckauf fiel ins Wasser, und wupp, war er weg.

Vor dem Einschlafen zu singen

Lösch das Licht aus,
ins Bett, kleine Maus,
nimm den Teddybär in den Arm
und gib ihm schön warm.

Leise, leise, leise,
der Mond macht eine Reise.
Erwacht sind alle Sternelein,
schlaf ein, mein Kind, schlaf ein.

Zu Bett, mein Kind,
es weht der Wind.
Es träumt die Puppe
von einer warmen Suppe.
Es schläft der Bär,
er schnarcht so schwer.
Nun schlaf auch du, mein Kind,
horch, es weht der Wind!

Segenswünsche und Gebete

Segenswünsche und Gebete sind für Kinder »Seelenwär-
mer«, die Vertrauen, Lebensfreude und Herzlichkeit vermitteln. Wir sollten sie als kleine Rituale einführen und über
längere Zeit immer wieder im passenden Moment in den
Tagesablauf einbauen.

Nachfolgend ein paar Beispiele:

Segenswünsche für das Wetter

Liebe Sonne, komm heraus,
komm aus deinem Wolkenhaus!
Schicke den Regen weiter,

mach den Himmel heiter!
Liebe Sonne, komm heraus,
komm aus deinem Wolkenhaus!

Es regnet, Gott segnet,
die Erde wird nass.
Grün werden die Bäume
und grün wird das Gras!

Sonne, Mond und Sterne
sehn die Kinder gerne,
Sonne scheint von früh bis spät,
bis das Kindlein schlafen geht.
Mond und Sterne halten Wacht,
wenn das Kindlein schläft bei Nacht!

Tischgebet

Der kleine Jiriki hat aus dem Kindergarten ein altes Tischgebet nach Hause gebracht. Jetzt muss die ganze Familie vor dem Essen spielend beten und dazu sprechen:

Für Speis

Eine Hand markiert den Teller, mit der anderen die Speisen aufgreifen und zum Mund führen, dann lustvoll kauen.

und Trank,

Eine hohle Faust bilden, sie markiert das Glas. Mit der anderen Hand »Wasser« oder »Milch« eingießen und genüsslich trinken.

fürs täglich Brot,

Mit beiden Händen ein »Brot« in die Luft malen.

wir danken dir, Gott!

Die Hände abschließend wie zum Gebet zusammenfügen und dann in die Höhe halten, zum Himmel schauen und nach oben winken. Nach Jiriki kommt so unser Dank schneller und besser bei Gott an!

Kauderwelsch klingt spannend!

Alle Kinder sind fasziniert von klangmalerischen Abzähl-reimen und fremdländisch anmutenden Versen, die man nicht versteht, die aber herrlich und geheimnisvoll klingen. Hier zwei tolle Beispiele:

Ong dong dreoka,
lemi lemi seoka,
seoka di tschiberi,
tschiberi di kollibri.
Ong dong dreoka,
lemi lemi seoka.

En den dina,
tscho rage china,
tscho rage dige dage,
Annebella puff!

Kniereiter

Kleine Kinder lieben es, auf den Knien der Eltern oder Großeltern zu »reiten«! Die Erwachsenen bringen die kleinen Reiter mit ihren Kniebewegungen zum »Traben« oder »Galoppieren«! Dazu wird rhythmisch der Kniereiter-Vers gesprochen. Die Kinder sitzen mit dem Gesicht zum Erwachsenen auf dessen Schoss und werden dabei mit den Händen gehalten. Am Schluss wirft sie der »Gaul« spielerisch ab. Dieser kleine Schreck ist immer das Größte!

Hopp, hopp, hopp!
Pferdchen, lauf Galopp.
Über Stock und über Steine,
aber brich dir nicht die Beine.
Immer im Galopp!
Hopp, hopp, hopp!

Hopp, hopp, hopp, zu Pferde,
wir reiten um die Erde.
Die Sonne reitet hinterdrein,
wie wird sie abends müde sein.
Hopp, hopp, hopp!

Hoppe, hoppe, Reiter,
wenn er fällt, dann schreit er!
Fällt er in den Teich,
find't ihn keiner gleich.
Fällt er in die Hecken,
fressen ihn die Schnecken,
fressen ihn die kleinen Mücken,
die ihn vorn und hinten zwicken.
Fällt er in den Schnee,
tut's ihm mächtig weh.
Fällt er in den Graben,
fressen ihn die Raben.
Fällt er in den Sumpf,
macht der Reiter plumps!

Nonsens

Schulreife Kinder freuen sich diebisch an sprachlichem Unsinn und absurden, unlogischen oder »sinn-freien« Gedankengängen in Liedern und Reimen. Um diese Art Sprachspaß zu verstehen braucht es schon Einiges an Sprachkompetenz!

Der Fuchs und der Has'
gehen miteinand' ins Gras,
und der Fuchs hat nicht gewisst,
dass der Has' so viel isst!

Ehrenwert heißt mein Pferd.
Gute Muh heißt meine Kuh.
Wettermann heißt mein Hahn.
Kunterbunt heißt mein Hund.

Es tun zwei Hasen miteinander grasen.
Es tun zwei Kröten miteinander flöten.
Es tun zwei Krähen miteinander mähen.
Es knüpfen zwei Schweine zusammen eine Leine.
Es machen zwei Frösche zusammen eine Wäsche.
Es nimmt mich wirklich Wunder,
wie die Hasen können grasen,
wie die Kröten können flöten,
wie die Krähen können mähen,
wie die Schweine knüpfen eine Leine,
wie die Frösche machen eine Wäsche.

Malverse

Schulreife Kinder freuen sich an Malversen. Am besten ist es, wenn sie diese mit Kreide oder dickem Filzstift in großen Schwüngen auf Packpapier malen können. Hier ein rhythmisches Beispiel:

Punkt, Punkt, Komma, Strich
fertig ist das Angesicht,
und zwei spitze Ohren,
so wird sie geboren.
Ritze, ratze, ritze, ratze,
fertig ist die Miezekatze.

Fingerverse

Kinder lieben Fingerverse. Sie sind die Fortsetzung des kindlichen Spiels mit den Händen auf höherem Niveau. Die »Minigeschichten« beginnen beim Daumen und enden beim kleinen Finger. Sie laufen immer nach dem gleichen Sprach- und Bewegungsmuster ab. Die Finger der einen Hand werden nacheinander emporgestreckt und mit dem Zeigefinger und dem Daumen der anderen Hand angetupft.

Übrigens: Wer der rechten und der linken Hand Geschichten erzählt, regt beide Gehirnhälften an! Auch die Füße haben nichts dagegen, wenn wir die Zehen anstupsen und ihnen »Minigeschichten« vorsprechen.

- Fingerverse lernt man immer zu zweit oder in der Gruppe: Kinder erfahren dabei herzlichen Kontakt und Zuwendung.
- Nur wer aktiv zuhören kann, prägt sich den Vers zum Nachahmen ein.
- Der strukturierte Ablauf der Fingerverse gibt Halt und Sicherheit.
- Dabei werden einfache Satzmuster eingeübt und Sprachhemmungen abgebaut.
- Emotionale Momente und ein verblüffender Schluss fördern das Interesse am Fingervers.

Hier die zwei wohl bekanntesten Fingerverse. Die meisten von uns haben sie als Kind gehört. Die zwei »Mini-Geschichten« beglücken auch heutige Kinder:

Das ist der Daumen,
der schüttelt die Pflaumen,
der sammelt sie auf,
der trägt sie nach Haus,
und der kleine Wuziwuzi isst sie alle auf.

Der ist in'n Brunnen gefallen,
der hat ihn wieder 'rausgeholt,
der hat ihn ins Bett gelegt,
der hat ihn zugedeckt,
und der kleine Schelm da
hat ihn wieder aufgeweckt.

Hand-Spiel-Geschichten

Im Gegensatz zum Fingervers, dem allein schon durch das Abzählen an der Hand formale Grenzen gesetzt sind, ist die Handgeschichte frei in Bewegung und Wort. Diese Spielverse werden während des Sprechens gleichzeitig mit beiden Händen und Armen in Bewegung umgesetzt. Die Hände verwandeln sich ohne Spielbeigaben im Nu in ein Häuschen, einen Stuhl, in eine Maus, einen Hund oder sprechende Menschen usw.

Die meisten Handgeschichten sind überliefertes Volksgut. Kinder lernen durch diese lustigen Sprachspiele vieles so ganz nebenbei:

■ Handgeschichten wecken Textverständnis und Erzählkompetenz. Sie fördern das Gedächtnis und die Konzentration.

- Mit den Händen werden die kleinen Geschichten in Spielszenen verwandelt.
- Kinder entdecken die eigene Sprechstimme und zu den richtigen Begriffen entsteht spontan die passende Mimik und Gestik.
- Kinder lernen beim Spielen und Sprechen andere wahrzunehmen und sich einbringen oder zurücknehmen.
- Handgeschichten bewegen sich zwischen Heiterkeit und Erschrecken. Sie fördern den Humor und das gemeinsame Lachen.

> *Zwei Hampelmänner aus einem Sack,*
> *der eine heißt Schnick und der andere Schnack.*
> *Schnick hat ein Krönlein und Schnack einen Kranz,*
> *so gehen sie beide zum Tanz.*
> *Sie tanzen so manierlich,*
> *ihre Schritte sind ganz zierlich.*
> *Sie tanzen beide bis früh um acht*
> *und haben dabei recht viel gelacht.*
> *Am Schluss verschwinden Schnick und Schnack*
> *wieder zurück in ihren Sack.*

Schnick und Schnack sind die beiden Daumen. Als Krone und Kranz wickeln wir farbige Wollfäden um die Daumen. Zu Beginn des Verses sind sie in der Faust verborgen, schlüpfen auf ihren Namen heraus, tanzen, biegen sich nach vorne und lachen. Am Schluss verschwinden sie in der Faust.

> *Mit Fingerchen, mit Fingerchen*
> *mit flachen, flachen Händen,*
> *mit Fäusten, mit Fäusten,*
> *mit Ellenbogen, halt!*

Alle Bewegungen im Wechsel rechts links ausführen: Mit den Fingern leicht auf den Tisch klopfen, Handflächen auf den Tisch schlagen, dann mit den Fäusten und Ellenbogen auf den Tisch trommeln. Auf »halt« beide miteinander aufstoßen und dann in der Bewegung innehalten.

> *Mit Zehen, mit Zehen,*
> *mit flachen, flachen Füßen.*
> *mit Fersen, mit Fersen,*
> *mit beiden Beinen, hei!*

Zehen auf den Boden tupfen, mit den Füßen stampfen, mit Fersen auftreten und auf »hei« in die Höhe springen.

Freche Verse

Kinder sind Wörtersammler! Sie sind begierig, immer wieder neue Wörter zu entdecken. Dazu gehören auch Schimpfwörter, mit denen man andere Personen ärgern kann. Freche Verse und unanständige Ausdrücke wie etwa »Scheiße« nehmen im Alltag der Kinder einen größeren Raum ein, als die Erwachsenen vielleicht glauben. Eltern staunen oft nicht schlecht, wenn sie ihr Kind etwa fragen: »Wie war's im Kindergarten?« Und als Antwort bekommen: »Affengeil!« Sobald ein Kind in den Kindergarten oder die Grundschule geht, bringt es Wörter nach Hause, die Eltern nicht begeistern ... Kinder erzählen Verse wie die folgenden meistens nur unter sich. Sie stecken die Köpfe zusammen, flüstern und kichern.

> *Ich habe einen Vogel, du hast einen Piep!*
> *Meiner flog weg und deiner blieb!*

Es war mal eine Frau,
hat Augen wie Kakau,
hat Beine wie eine Leberwurst,
ich weiß es ganz genau!

Karl der Große
macht in die Hose,
Pippin der Kleine
macht sie wieder reine.

Die Polizisten
pissten in die Kisten,
einer pisst vorbei,
und du bist frei.

Es ist gut, um ihre Existenz zu wissen, denn »blöde Wörter« zirkulieren, ob es uns Erwachsenen gefällt oder nicht. Sie sind da und gehören zum kindlichen Entwicklungsprozess. Freche Verse verschwinden nach einiger Zeit wieder, Fluchworte dagegen bleiben haften bis ins Erwachsenenalter. Unanständige Wörter faszinieren Sechs- bis Achtjährige, sie dienen oft zum Abbau von innerem Druck und damit der Psychohygiene. Sie schärfen aber auch das Unterscheidungsvermögen zwischen »anständig« und »unanständig«! In dieser Zeit machen Kindern auch Quatschlieder Spaß.

Wie soll man darauf reagieren, damit sich die rohe Sprache nicht einschleift? In vielen Familien, Kindergärten und Grundschulen heißt es: Rohe Sprache, wie Schimpfwörter und Fäkalsprache, wird nicht geduldet. Das ist gut so, lässt sich aber nur erreichen, wenn alle am gleichen Strick ziehen und die Erwachsenen mit einem guten Sprachbeispiel vorangehen. Was können Eltern und Erziehende tun? Wie soll man sich verhalten, wenn das Kind mit einer unanständigen Redensart heimkommt?

- Wenn Ihr Kind nicht weiß, was das Wort bedeutet, erklären Sie es ihm knapp und betonen, dass dieser Ausdruck andere wütend oder traurig machen kann.
- Sagen Sie deutlich, dass Sie solche Wörter nicht hören möchten.
- Suchen Sie gemeinsam mit Ihrem Kind nach »Ersatz-Ausdrücken«, die es Ihrer Meinung nach benutzen darf. Zum Beispiel: »Das ist blöd!« statt »Das ist Scheiße!«
- Wir spielen »Unanständige Wörter erschlagen«: Alle Kinder sitzen um ein großes Tuch am Boden, auf »los« schreit jedes ein Schimpfwort unters Tuch und trommelt mit den Händen darauf herum, bis alle »blöden« Wörter erschlagen sind.

Klatschen und Patschen

Sechs- bis neunjährige Kinder lieben Klatschverse. Klatschen und Patschen sind perfekte Geschicklichkeitsübungen, die oft einfacher aussehen, als sie sind. Wer Kinder dabei beobachtet, wird staunen, wie flink sie klatschen! Sie wiederholen die rhythmisch gesprochenen Verse immer wieder und beschleunigen dazu das Tempo. Sie lernen dabei:

- Aktives Zuhören und rhythmisches Sprechen, laut und leise – langsam und schnell. Die Motorik und das Zusammenspiel von linker und rechter Gehirnhälfte wird gefördert.
- Klatschverse sind partnerzentriert und binden auch eher scheue Kinder in das soziale Miteinander ein. Singen, Sprechen und Klatschen machen viel Spaß.

Patschen, klatschen, rechts,
patschen, klatschen, links,
patschen, klatschen, rechte, linke,
patschen, klatschen, stopp.

Beim Müller hat's gebrannt – brannt – brannt.
Da bin ich schnell gerannt – rannt – rannt.
Da kam ein Polizist – zist – zist – zist,
der schrieb mich auf die List – List – List.
Die List fiel in den Dreck – Dreck – Dreck,
da war mein Name weg – weg – weg.

Die Gartentür ist offen, die Gartentür ist zu,
ich habe dich getroffen, du bist eine Kuh!

Im Gänsemarsch und Hexenschritt

Was die Klatschverse für die Hände, sind die Marschverse für
die Füße. Auch sie leben vom Rhythmus. Doch Gehen,
Stampfen, Laufen, Hüpfen, Springen allein sind noch kein
Marschspiel. Erst das bewusste Kombinieren von Bewegung
und Wort lassen Marschspiele entstehen. Wort und Bewegung
werden zu einer Einheit. Die rhythmischen Bewegungen des
Stampfens sind Vorstufen des kindlichen Tanzes. Auf Wanderungen können Kinder stundenlang »ihren Vers« spielen.
Marschspiele sind ideal zwischen fünf und neun Jahren.

- Marschverse fördern die Reaktions- und Konzentrationsfähigkeit.
- Sie machen müde Füße auf Wanderungen wieder munter
  und verbessern die Körperbeherrschung.
- Der Sprachrhythmus ist wichtiger als der Inhalt der Verse.
  Gehen und Sprechen inspirieren auch zu Sprachneu-
  schöpfungen.

Ri-ra-rutsch, wir fahren mit der Kutsch'.
Wir fahren über Stock und Stein,
da bricht der Esel sich ein Bein.
Ri-ra-rum, da kehren wir wieder um.

Die Kinder stehen zu zweien und geben sich die Hände über Kreuz. Sie marschieren im Takt vorwärts. Auf »Da kehren wir wieder um!« wenden die Kinder plötzlich, ohne die Hände loszulassen, und gehen in der entgegengesetzten Richtung weiter.

Komm wir wollen wandern,
von einer Stadt zur andern,
und wenn der Kaiser König kommt,
so kehren wir wieder um, bumm, bumm!

In Marschversen sind zuweilen klangvolle Ortschaftsnamen anzutreffen. Auf jede betonte Silbe fällt ein Schritt. Ein typisches Merkmal des Marschverses ist die Wiederholung und die stetige Wiederkehr der rhythmischen Motive. Die Verse werden noch spannender und lustiger, wenn das Tempo variiert wird.

Hamburg, Lübeck, Bremen,
die sollten sich was schämen.
Hamburg, Lübeck, Bremen,
die wollten sich nicht schämen.
Hamburg, Lübeck, Kiel,
das ist nicht viel.

Wer erfindet eigene Marschverse mit Ortschaftsnamen aus der Umgebung?

Falten und Spielen

Kinder entwickeln dabei: Papierfalten fördert besonders die Feinmotorik. Die feinmotorische Geschicklichkeit ist Voraussetzung für komplexe Sprach- und Denkvorgänge. Die neueste Hirnforschung bestätigt: Geschickte Finger machen Kinder intelligent! Falten baut eine Brücke zwischen dem Spiel zu Hause und der Wissensvermittlung im Kindergarten. Es fördert die mathematische Kompetenz und das Erfassen geometrischer Figuren.

Papier ist ein wunderbares Spielmaterial, durch Falten verwandelt es sich in dreidimensionale Gegenstände. Schreibblätter oder Zeitungen sind für Kinder jederzeit greifbar. Falten kann man drinnen und draußen, bei jeder Witterung und bei jeder Jahreszeit, in den Ferien und im Krankenbett. Wertloses Material oder schöne Faltblätter lassen sich in lustige Spielsachen verzaubern. Denken wir nur an Schiffe, Hüte, »Himmel und Hölle«, Flieger, Taschen, Fangbecher, Fische, Frösche oder Ziehharmonikas.

Einkaufsnetz und Postkartenschachtel

Die ersten zwei Faltformen zeigten mir eine Tante und meine Großmutter. Ich war damals fünf Jahre alt und kann mich an beide Situationen noch lebhaft erinnern, denn schon als

Kind faszinierte mich die Technik des Papierfaltens. Tante Anna lehrte mich in den Ferien Einkaufsnetze schneiden. Ich habe sie »pfundweise« in allen Größen hergestellt. Es erschien mir wie ein kleines Wunder, dass sich eine dünne Zeitung durch bloßes Zusammenfalten und Einschneiden in ein stabiles, dreidimensionales Netz verwandeln ließ. Ich experimentierte im Garten mit ihrer Tragfähigkeit. Die spannende Frage war, reißt das Netz oder reißt es nicht, wenn ich ein, zwei, drei Steinchen, eine Nuss, einen Tannenzapfen oder ein Schneckenhäuschen hineinlegte?

Genauso prägte sich mir das Glücksgefühl ein, das mich durchrieselte, wenn ich neben der strickenden Großmutter in der Stube am Tisch versuchte, Postkartenschachteln zu falten. Wir teilten beide die Spannung: Kommt das Bild vorteilhaft zur Geltung auf dem Schachteldeckel oder nicht?

Origami, Fröbel und Falten heute

Die hohe Kunst des Papierfaltens heißt Origami. Sie stammt aus Japan und ist ein Bestandteil der japanischen Kultur. Sie hat faszinierende Faltformen hervorgebracht, das fliegende Vögelchen etwa, die japanische Dame oder den betenden Mönch. Diese alte japanische Papierfalttradition ist kompliziert und für Anfänger hier bei uns zu schwierig.

Unabhängig von Asien hat sich auch in Europa eine einfachere, eigenständige Tradition entwickelt. Einer der ersten Entdecker des Papierfaltens bei uns war Friedrich Fröbel, der »Erfinder« des Kindergartens. Er hatte um 1840 erkannt, dass Papierfalten bei Kindern die Koordination von Auge und Hand sowie das Gefühl für Geometrie und Genauigkeit fördert.

In *Falten und Spielen: Intelligent durch geschickte Finger* habe ich Faltformen zusammengetragen, die unseren

Kindern entsprechen. Ich habe sie unter dem Aspekt ausge
wählt: Was können Kinder hier bei uns zwischen vier und
acht falten? Der Grundstock zu dieser Faltsammlung stammt
aus meiner Kindheit und der Ausbildungszeit am Kindergar-
ten-Seminar Marzili, Bern. Im Laufe der Jahre sind immer
mehr Faltformen dazugekommen.

Was löst das Weitergeben von Faltformen aus?

Alle Faltformen müssen dem Kind von Erwachsenen gezeigt
werden, bevor es sie selbstständig nachahmen kann. Das
klingt höchst selbstverständlich, beinhaltet jedoch einen
psychologisch wichtigen Ablauf. Zeigen, erklären, das bedeutet so viel wie Zuwendung: »Ich nehme mir Zeit für dich.
Ich vermittle dir etwas und teile mich dir mit.« Das Kind,
der Empfänger dieser unausgesprochenen Botschaft, fühlt
sich angenommen in diesem Kreislauf von Liebe und Zuwendung. Sein Selbstwertgefühl wird dadurch gestützt. Und
wenn das Kind die Faltform begriffen hat, erlebt es stolz:
»Können macht stark!«

Intelligent durch geschickte Finger

Zwischen vier und neun Jahren ist das goldene Zeitalter des
Faltens! Papierfalten ist weit mehr als »nur« Basteln. Es bietet Anregungen zu unzähligen Stunden von fröhlichem Kinderspiel. Für die Faltkünstler ist nicht das Faltprodukt, sondern der Spielanstoß das Wichtigste. Hüte verzaubern sie in
Wikinger oder Krankenschwestern, Badewannen werden
zum Weltmeer, wenn ganze Flotten von Papierschiffen darauf schwimmen.

Papierfalten wirkt wie ein natürliches Frühförderprogramm, das genau dem altersgemäßen Bedürfnis der Kinder entspricht. Der Augen-Hand-Kontakt und die Feinmotorik der rechten und der linken Hand regen beide Hirnhälften an. Papierfalten begünstigt bei Vor- und Grundschulkindern die Entwicklung von Freude am eigenen Tun, Geduld, Ausdauer, exaktem Arbeiten und den Schlüsselkompetenzen, die in Bereichen wie Mathematik, Geometrie, Sprache, Gestalten, Naturwissenschaft und Technik gebraucht werden. Was heißt das konkret?

Mathematische Kompetenz: Kinder können Mathematik nicht abstrakt oder im luftleeren Raum erlernen. Die bewusste Auseinandersetzung mit Materialien und das Gespräch mit Erwachsenen ist eine wichtige Vorbereitung. Genauso verhält es sich beim Falten. Ein Kind kann von sich aus nie die Faltform eines Segelschiffchens erfinden. Das Kind braucht dazu einen Erwachsenen, der ihm die Faltform zeigt. Beim Erfassen einer Faltform geht es darum, das Prinzip zu verstehen, sich den Ablauf zu merken, um dann den Faltprozess Schritt für Schritt exakt wiederzugeben. Das braucht Zeit, Übung und Ausdauer.

Falten fördert eindeutig das mathematische Denken und das Erkennen von geometrischen Formen, Mustern, Zahlen und Mengen. Falten unterstützt das Verständnis von Regelmäßigkeiten und die dreidimensionale, räumliche Wahrnehmung. Wer die konkrete Umsetzung erlebt, kann später abstrakte Rechenvorgänge viel leichter nachvollziehen. Ein Stück Papier in die Hälfte falten heißt zum Beispiel, etwas durch zwei zu teilen!

Übrigens, Kinder entdecken die meisten geometrischen Grundformen zuerst in ihrer Umgebung und erst dann beim Falten mit Papier. Lassen wir sie wie kleine Detektive durch die Räume und die Umgebung streifen mit der Frage:

Was sieht aus wie ein Quadrat, ein Dreieck, ein Kreis oder ein Rechteck?

Sprachliche Kompetenz: Falten fördert lustbetontes Sprechen, erweitert den Wortschatz und zeigt neue Begriffe. Faltpapier kann dick, dünn, groß oder klein sein. Kinder entdecken Zahlwörter und das Ab- und Auszählen von Objekten. Beim Falten testen sie Begriffe wie oben, unten, Ecken, Kante, Spitze, Dreispitz, Papier wenden, hinten und vorne, reißen oder schneiden, in die Hälfte legen, ein Kreuz oder eine Diagonale falten. Lautes Denken ist hier gefragt, denn hörbar gesprochene Worte prägen sich besser ein! Fertige Faltfiguren animieren zum Sprechen, Geschichtenerzählen, Verseaufsagen, Rollenspiel und Liedersingen. Die Sprachmotivation steigt durch Witz, Rhythmus und Reime.

Gestalterische Kompetenz: Damit Faltformen gelingen, braucht es passendes Papier. Ist es zu dick oder zu klein, kommt Frust auf. Die ersten Figuren sehen zerknittert und ungenau aus. Doch Übung macht den Meister. Je geschickter die Finger werden, desto »schöner« und exakter ist das Faltergebnis. Wir beginnen immer mit einfachen Faltformen und steigern dann den Schwierigkeitsgrad systematisch. Die Kinder werden schrittweise in die Kunst des Faltens eingeführt, immer vom Einfachen zum Schwierigen. Kinder tun sich beim Falten leichter, wenn sie das Papier vom eigenen Körper weg- und nicht zum Körper hinfalten. Die Finger haben dann auch mehr Kraft. (Kinder mögen den Ausdruck: »vom eigenen Bauchnabel hin zur Tischmitte falten.«) Wer traditionelle Faltfiguren kennt, kann später selbst auch neue Varianten erfinden.

Die fertigen Faltformen werden anschließend bemalt, verziert und geschmückt. Oft entstehen Gemeinschaftsbilder und ganze Papierlandschaften.

Kinder spielen gerne »Kindergarten« oder »Schule« und geben dabei als »Lehrerin« oder »Lehrer« ganz selbstverständlich Faltformen, die sie kennen, an ihre »Schüler« weiter!

Soziale Kompetenz: Falten motiviert, weil man mit der fertigen Faltform allein oder in der Gruppe spielen kann. Faltabläufe müssen dem Kind gezeigt werden, bevor es diese selbstständig nachahmen kann. Durch das gemeinsame Tun entsteht ein positiver zwischenmenschlicher Kontakt, der für eine gesunde Entwicklung wichtig ist. Können macht stark und selbstsicher. Kinder sind stolz, wenn sie den Ablauf einer Faltform verinnerlicht haben. Manchmal fallen sie dann in einen fröhlichen »Faltrausch« und produzieren große Mengen.

Sie lieben es, kleine Geschenke herzustellen, Faltformen eignen sich ausgezeichnet dazu. Denken wir nur an Hüte, Weihnachtssterne, Osterkörbchen oder Papierblumen.

Naturwissenschaft und Technik: Die kleinen Wissenschaftler gehen Fragen auf den Grund wie: Welches Papier lässt sich am besten falten? Warum muss ein Faltpapier exakt sein, damit die Faltform gelingt? Welches Schiffchen schwimmt am längsten? Warum gleitet der Papierflieger durch die Luft? Warum lässt sich die Kugel aufblasen? Wie viel Gewicht erträgt das Einkaufsnetz aus Zeitungspapier, bis es reißt?

Aus dem Quadrat

Das Quadrat hat vier gleich lange Seiten. Das können sich Kinder gut merken. Diese einfache geometrische Form ist ein wunderbares Beispiel, wie sich aus einer Grundform viele verschiedene Figuren falten lassen. Es gibt eine Serie von Faltformen aus dem Quadrat, die zu Beginn alle den glei-

chen Aufbau haben. Sie eignet
sich für Kinder besonders gut als
Einstieg ins Papierfalten. Es lohnt
sich, diese ersten Schritte bewusst einzustudieren:

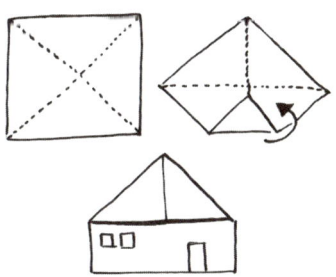

Wer ein Quadrat einmal dia-
gonal faltet, erhält ein einfaches
Zelt. Mit der zweiten Diagonale
entsteht ein Karussell, das sich, auf die entstandene Spitze in
der Mitte gestellt, drehen lässt. Faltet man eine Spitze nach
oben zum Mittelpunkt, zeigt sich die Form eines Segel-
schiffs. Eine weitere Spitze zur Mitte gefaltet, ergibt ein
Haus. Wer alle vier Spitzen zur Mitte faltet, kann den so
entstandenen Brief mit einem Klebepunkt verschließen.

Nur wer diesen einfachen Faltablauf beherrscht, kann
später die schwierigeren Formen, die sich daraus entwickeln
lassen, problemlos schaffen. Je sorgfältiger diese Schritte geübt werden, desto mehr Faltvergnügen kann sich später entwickeln. Unterstützend dabei ist ein gutes Faltbuch mit
Schritt-für-Schritt-Anleitungen. In *Falten und Spielen* gilt der
wichtigen Quadratform besondere Aufmerksamkeit.

Hüte aus Papier

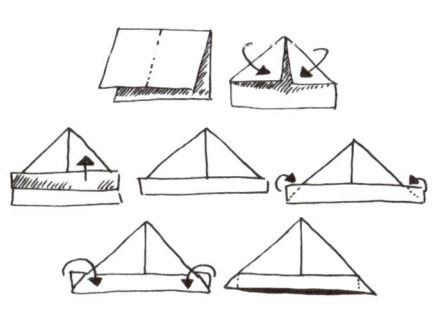

Hüte sind ein wichtiges Requisit, um in verschiedene
Rollen zu schlüpfen. Mit Hilfe der Kopfbedeckung ver-
wandeln sich Kinder im Rollenspiel in Reiter, Zwerge,
Bischöfe, Holländerinnen oder Jäger usw. Selbstverständlich
falten Puppenmütter und Bärenväter auch für ihre Lieblinge
Mini-Hüte.

Der einfache Dreispitz etwa ist bei uns eine der bekanntesten Faltformen. Er wird, wie die meisten Papier-Hüte, aus einem Rechteck gefaltet. Eine Zeitung im Großformat hat die richtige Größe und passt als Hut gefaltet auf jeden Kinderkopf.

Beim Einkaufen

Einkaufen und Verkaufen macht Kindern Spaß! Abwägen, auszählen, einfüllen, aufschreiben, sortieren, Geld einkassieren, Eingekauftes in der Tasche herumtragen – das alles finden Kinder großartig. »Kaufhaus« ist ein begehrtes Rollenspiel. Zum Verkaufen eignet sich fast alles aus dem Spielzeugfundus des Kinderzimmers und der Küche. Im Rollenspiel sind Käufer und Verkäufer gleich wichtig. Beide können ihren Nachahmungstrieb in Gestik, Mimik und Stimmlage stillen. Einfache Faltformen bereichern dieses Spiel. Wer »macht« eigenes Papiergeld? Wer schneidet ein Einkaufsnetz? Wer klebt Papiertüten, faltet Taschen oder Körbchen? Beim Kaufen und Verkaufen üben Kinder ihre mathematische Kompetenz, indem sie Mengen zuordnen, Unterscheidungsvermögen von viel und wenig, schwer und leicht, Abzählen und die Funktion der Zahlen erleben. Wer mit »Geld« Waren einkauft und verkauft, entwickelt das Verständnis von Zahlen als Ausdruck von Menge und Geld.

Zeichnen und Malen

Kinder entwickeln dabei: Freude am schöpferischen Tun, Spontaneität, Vorstellungskraft, Empfindungsvermögen, Denk- und Ausdrucksfähigkeit, Kreativität und Fantasie, Feinmotorik, Hand-Augen-Koordination. Kinder lernen sich ein eigenes Bild von der Welt zu machen, bleibende Spuren zu hinterlassen, ahmen Erwachsene nach beim »Schreiben«, entwickeln eine individuelle Bildsprache, erleben Farben und Formen und eine neue Form sich mitzuteilen. Zeichnen und Malen sind gute Vorübungen zum späteren Schreiben in der Schule.

Kinderzeichnungen haben mich schon immer interessiert und fasziniert. Sie drücken so viel kindliche Spontaneität, Schöpferkraft, Freude und Begeisterung aus. Sichtbare Spuren auf einem Blatt Papier zu hinterlassen ist die Vorstufe zur Kulturtechnik Schreiben. Die Entwicklung der Bildsprache weist bestimmte Gesetzmäßigkeiten auf, die mehr oder weniger jedes Kind in seiner Art und in seinem Tempo durchläuft. Vom ersten Gekritzel bis zu einem »Röntgenbild« oder einer Zeichnung, die eine Geschichte oder ein Erlebnis erzählt, ist ein weiter Weg – genauso wie vom Lallen des Babys bis zum Spielen und Sprechen eines Fingerverses oder vom Kriechen zum Hüpfen auf einem Bein.

Angefangen von den ersten Kritzeleien bis zum detailliert gestalteten Bild, hat jede Stufe der Zeichenentwicklung ihre in sich begründete Bedeutung und muss von den Erwachsenen zunächst unbeeinflusst bleiben und geachtet werden. Denn das Kind zeichnet seine eigene Vorstellung der Wirklichkeit. Proportionen, Größen und Farben haben individuelle Aussagekraft.

In der Familie und dem Kindergarten sollten die Kinder möglichst viele Gelegenheiten haben, sich ungestört mit verschiedensten Malmitteln auf unterschiedlichsten Malflächen auszudrücken.

Sichtbare Spuren

Die ersten Versuche des Kindes, sich aktiv mit verschiedenem Material auseinanderzusetzen, wird von den Erwachsenen oft falsch gedeutet und als Zerstörung oder Beschmutzung empfunden. Das Kind schmiert, kratzt, zerreißt, lutscht und macht dabei wichtige Entdeckungen: Es lernt den Zusammenhang zwischen Material, eigener Bewegung und entstandener Spur kennen. Es erfährt, dass Material hart, weich oder flüssig sein kann und je nach Beschaffenheit verschiedenartige Bearbeitung verlangt.

Dabei entdeckt es eines Tages, meistens anfangs des zweiten Lebensjahrs, dass ein Stift, weiche Kreiden oder Fingerfarben Spuren hinterlassen. Anfangs geschieht dies rein zufällig und aus Freude an der Bewegung. Nach und nach werden seine »Spurenbilder« bewusster. Es kopiert dabei auch Mama und Papa beim Schreiben und malt seine »Spuren« aufs Papier. Immer wieder, immer wieder. Das Kind hat auch hier einen natürlichen »Wiederholungstick« eingebaut, der ihm hilft, das Neue einzuüben.

Kritzelphase

Der Stift, der über das Papier fährt, hinterlässt Linien, Striche und Punkte. Mit der Zeit entstehen knäuelartige Spuren. Sie sehen aus wie zerzauste Wollknäuel. Dieses Kritzeln, das noch von keinem Sinn erfüllt ist als der Freude an Ausdruck, Wirksamkeit und Bewegung, weckt in den Kindern glücklichen Stolz. Sie schenken der Mutter oder einer anderen anwesenden Person ihr Produkt mit Begeisterung.

Vom »Kopffüßler« zum Strichmännchen

Im Laufe des dritten Lebensjahres entstehen nach und nach auch Punkte, Zickzacklinien und Spiralen.

Außerdem tauchen bei allen Kindern plötzlich geschlossene Kreisformen auf. Diese »Ich-Kreise« gehen mit der Entwicklung des kindlichen Selbst-Bewusstseins einher. Nach einiger Zeit beginnen die Kinder in diese Kreisform  ein Gesicht zu zeichnen und hängen ihr zwei Striche als Füße an. Darum nennt man diese ersten Darstellungen von Menschen in der Kinderzeichnung »Kopffüßler«.

Am Anfang schwimmen die Figuren noch richtungslos auf dem Papier herum. Jetzt beginnt der kleine Zeichner sein Gekritzel zu benennen. Bis zum Schuleintritt werden die Zeichnungen seiner Menschen immer differenzierter und vielfältiger.

Zwischen Himmel und Erde

Ab einem Alter von etwa vier Jahren beginnen Kinder, ihre Bilder stärker zu komponieren. Sie spüren die Erde unter den Füßen und den Himmel über sich. Der obere Rand des Blattes wird zum Himmel, an dem die Sonne lacht. Der untere Rand wird zum Boden, zur Standlinie für alles, was sich auf der Erde befindet. Da stehen nun die Menschen, die Häuser und die Blumen. Und dazwischen ist viel durchsichtige, »weiße« Luft.

Die kleinen Zeichner achten nun beim Malen auf Differenzierung und Details wie z.B. Vorhänge oder verschiedene Frisuren und setzen zahlreiche Gegenstände im Bild zueinander in Bezug. Auch die Farbwahl wird jetzt bewusst vorgenommen.

Die Kinder zeichnen jetzt jeden Gegenstand in einer typischen Ansicht: einen Menschen von vorne, ein Tier von der Seite, einen Tisch von der Seite oder auch von oben, damit man sehen kann, was darauf steht. Beim Menschen stehen die Arme fast rechtwinkelig vom Körper ab, ebenso die Äste der Bäume oder die Flügel der Vögel.

Größenverhältnisse

Kinder malen Wichtiges groß und Unwichtiges klein, egal, wie es in der Realität tatsächlich ist. Kinder sind auf den Bildern meist ebenso groß wie Erwachsene, Häuser sind nicht größer als Menschen, und Bäume gehen vielleicht bis an den Himmel. Wenn etwas groß gemalt ist, hat es für das Kind eine große Bedeutung, egal ob es ein freudiges Erlebnis zeichnet oder etwas, das ihm Angst macht. Ein geliebter Hund kann groß im Mittelpunkt stehen, aber er wird auch groß gezeichnet, wenn das Kind Angst vor ihm hat.

Familienbilder

Kinder malen sich gerne mit ihrer Familie. In den Familienbildern kommen die sozialen Beziehungen, wie das Kind sie erlebt, deutlich zum Ausdruck. Erziehende sollten bitte die Zeichnungen der Kinder nicht kritisch kommentieren und offen psychologisieren! Das fällt bei Familienbildern manchmal schwer, denn sie sagen doch sehr viel über die momentane Befindlichkeit des Kindes aus. Lassen wir uns erzählen, wie die Zeichnung entstanden ist und wer alles zu sehen ist. Was meint das Kind selbst dazu? Wo sind Vater und Mutter oder die Geschwister platziert? Oft fehlen einige Familienmitglieder oder Freunde wurden hinzugezeichnet. Manchmal sind Oma und Opa mit auf dem Bild. Spannend ist, wo sich das Kind im Familienbild selber hinstellt und welche Größe es sich gibt. Malt das Kind sich selbst in den Mittelpunkt? Dann hat es wahrscheinlich ein gesundes Selbstbewusstsein entwickelt und fühlt sich in der Familie geborgen. Malt es sich selbst besonders klein und abseits, so fühlt es sich möglicherweise auch »an den Rand gedrückt« und unbedeutend.

»Röntgenbilder«

Typisch für Funf- bis Achtjährige sind die »Röntgenbilder«: Das Kind zeichnet nicht nur, was es sieht, sondern auch das, was es über die Gegenstände weiß. So sieht man ein Haus gleichzeitig von außen und innen. Mauern, Türen, Hausdach und Kamin sind erkennbar und im Innern alle Zimmer mit Möbeln und Menschen. Das Auto ist wie »aufgeschnitten«. Man erkennt seine Außenform und gleichzeitig, wer drinnen sitzt und fährt. Oder vom Nikolaus ist nicht nur der Sack zu sehen, den er auf dem Rücken trägt, sondern gleichzeitig auch die Nüsse, Mandarinen, Äpfel und Lebkuchenmänner im Innern. Wenn die Mutter ein Geschwisterchen erwartet, wird sie oft mit Kleidern gezeichnet und gleichzeitig sieht man das Baby im Bauch. Das zeigt, dass sich das Kind mit der zukünftigen Geburt und dem neuen Geschwisterchen stark beschäftigt.

Sprechen und Spontangesang beim Malen

Beim Malen werden Kinder in der Regel auch alles kommentieren, was sie gerade tun. Sie erzählen, was sie vorhaben, überlegen laut, wo noch etwas fehlt, welche Farbe sie gerade suchen und ob das, was sie gezeichnet haben, ihren Vorstellungen entspricht. Wenn sich Kinder beim Zeichnen wohl fühlen, singen sie oft spontan vor sich hin. Im Kindergarten malen Kinder oft gemeinsam. Sie erzählen sich gegenseitig, was sie tun, übernehmen Motive von anderen Kindern und experimentieren gemeinsam mit Farben und Formen. So regt Zeichnen und Malen intuitiv auch das Sprechen an.

Wasserfarben ab wann?

Der Umgang mit Wasserfarben erfordert Umsicht und Sorgfalt. Sie sind erst ab etwa vier Jahren zu empfehlen. Anfänger brauchen dicke Pinsel. Um böse Überraschungen zu vermeiden, decken wir den Malplatz gut mit Zeitungen oder einem Wachstuch ab und ziehen den Kindern Malkittel oder alte Herrenhemden an. Die Hemden werden auf dem Rücken zugeknöpft und die Ärmel auf Kinderarmlänge abgeschnitten und mit Gummizug versehen.

Kleine sollten beim Malen mit flüssiger Farbe nie unbeaufsichtigt sein. Die Gefahr, dass sie Farbe essen oder auskippen, ist groß.

Spielimpulse

- »Kritzeln«, Zeichnen und Malen sind Übungssache. Darum sollten Farbstifte und Papier für Kinder jederzeit erreichbar sein. Wir stellen das nötige Material bereit, wie etwa Farbstifte, Kreiden, Ölkreiden, Wachskreiden, Filzstifte, Erdfarben, Fingerfarben, Dispersionsfarben, Kohle, Kleisterfarben, Sand- und Kleistermischungen etc.

- Vielfältiges Zeichenmaterial regt die Lust zum Zeichnen und Malen an. Wir stellen den Kindern Papier und Karton in verschiedenen Größen, Stärken und Farben zur Verfügung, evtl. auch Tapeten, Wandtafel, Teerboden, Stoffe, Holz oder ein vorbestimmtes Stück Hausmauer.

- Kinder zeichnen und malen sitzend, liegend, stehend. Darum sind mögliche Arbeitsorte etwa Boden, Tisch, Wand und Staffelei.

- Wir freuen uns mit den Kleinen an ihren ersten Kritzelbildern. Dadurch vermitteln wir ihnen das Gefühl, dass wir uns Zeit nehmen und an ihrem Erleben und Tun wohlwollend teilnehmen.

- Mit Magnetköpfen darf das Kind seine Zeichnung an den Kühlschrank hängen. So kann jedes Familienmitglied täglich die »Küchengalerie« bewundern.

- Wer von den Fünf- bis Siebenjährigen möchte ein Familienbild malen? Grundschulkinder finden es lustig, die eigene Familie auch als Tiere darzustellen. Wer ist der Löwe da und wer die Maus?

- Wir fragen das Kind, was für eine Geschichte es »aufgeschrieben« hat. Diese Frage zeigt ihm, dass

wir interessiert sind, etwas von der Entstehungsge-
schichte und dem, was die Zeichnung ausdrückt,
zu erfahren.

- Zu Walzermusik lassen wir die Kinder beidhändig
mit farbigen Ölkreiden auf einem großen Papier-
format »tanzen«! Wer malt das schönste Tanzbild?

- Wer zeichnet mit dem Finger Figuren in den Sand,
den Schnee und auf beschlagene Fensterscheiben?

- Schnee ist ja bei uns ein besonderes Ereignis, darum können wir »Malen im Schnee« nur machen,
wenn dieses flockige Weiß auf der Erde liegt. So
wird gespielt: Die Kinder nehmen kleine Gießkannen oder Spritzflaschen, die mit wasserlöslicher
Farbe gefüllt sind. Die Wagemutigen spritzen nun
farbige Spuren, Kleckse, Kreise, Zickzack oder
Männchen in den Schnee.

- Heute spielen wir »Schminken«. Gegenseitig bemalen wir uns die Gesichter mit Schminkfarbe.

- Farben erkennen und benennen: Was ist meine
Lieblingsfarbe? Welche Farbe haben deine Haare,
deine Augen? Welche Farben haben meine Kleider?

- Heute spielen wir »Pflastermalerei« und bemalen
gemeinsam mit farbigen Kreiden den Gehsteig
oder eine Betonwand des Hofes.

- Wir bespannen eine freie Wand in der Wohnung
mit Papier und verwandeln so den Raum in ein
Malatelier.

- Mit Wasserfarben malt jedes Kind ein Bild mit seinen schönsten Farbmischungen. Es entstehen
bunte Blumen, Sonne, Mond und Sterne, Wasser-
bilder, Elefanten und Kühe ...

- Mit Fensterfarben lassen sich die Fenster in Glasgemälde verwandeln.
- Wer die Entwicklung seiner Kinder beim Zeichnen und Malen näher begleiten und festhalten möchte, lässt sich ab und zu eine Zeichnung erläutern, schreibt das Gesagte mit Datum versehen auf die Rückseite und legt das Bild in einer Mappe oder einem Ordner ab. Noch Jahre später kann sich die Familie daran erfreuen.

Gestalten mit Material

Kinder entwickeln dabei: die Fähigkeit zum Zuschauen, Nachahmen, selber Ausprobieren – wichtige Grunderfahrungen, die für Kinder unbedingt notwendig sind! Manuelle Geschicklichkeit durch Falten, Reißen, Schneiden und Kleben, Auffädeln, Nähen und Weben. Materialerfahrung mit Papier, Schnur, Wolle, Nadel und Faden, Holz, Ton, Plastilin oder Salzteig. Plastische Gebilde formen, Freude haben am »Zugreifen«, am eigenen Tun, an Kreativität und schöpferischen Prozessen.

Die meisten Kinder basteln gerne. Wir sollten uns Zeit nehmen und mit ihnen Papier falten, reißen, schneiden und kleben. Mit Ton, Plastilin oder Salzteig formen wir miteinander plastische Gebilde. Mädchen und Buben haben Spaß daran, Holz zu verarbeiten. Als Vorstufe zum Stricken dient etwa ein »Strick-Lieschen«. Werken mit unterschiedlichem Material entwickelt Fantasie und schöpferische Gestaltungskraft. Das Kind erwirbt dabei manuelle Geschicklichkeit und Materialerfahrung. Viele Kinder werken auch gerne ohne unsere Hilfe, sie brauchen aber Anteilnahme, die wir beim »Bestaunen« ihrer Werke gut zeigen können.

Spielanregungen
zum Gestalten mit Material

Holzperlen: Sich schmücken und verzieren ist ein Urbe-dürfnis. Etwa mit drei Jahren beginnen Kinder, Ketten auf-zufädeln. Zu Beginn fädeln Kleine mit einer Plastikschnur große Holzperlen zu Ketten auf. Für Glasperlen werden spä-ter Nadel und Faden benutzt. Größere Kinder schaffen ef-fektvolle Farbkombinationen. Spielzeuggeschäfte bieten schöne Holzperlen in verschiedenen Größen und Farben an. Die Holzperlen lassen sich in einer Schachtel übersichtlich sortieren.

Fädelspiele, Stickkarten und Zöpfe: Mit drei ist auch die Zeit für Fädelspiele gekommen. »Schnurpfeltiere« aus Holz sind da gerade das Richtige. Sie müssen große Lochbohrun-gen haben, damit man die farbigen Kordeln oder Schuhbän-der durchziehen kann. Das ist für die Kleinen eine Vorstufe zum Nähen und späteren Binden der Schuhe. Auch das Aus-nähen von Stickkarten macht Kleinen Spaß. Und wer lernt aus alten Strümpfen oder bunten Schnüren mit Mutters Hil-fe Zöpfe flechten?

Flechten und Weben: Flechten und Weben sind alte, einfa-che Kulturtechniken, die Kinder mit unserer Hilfe lernen können. Sie sind stolz, wenn ihnen eine solche Bastelarbeit gelingt.

Mit Papierstreifen flechten, mit Bast weben: Ab fünf Jahren zeigen wir den Kindern, wie mit Papierstreifen kleine Flecht-arbeiten zu machen sind. Kindergartenkinder können mit einem Webrahmen einen Teppich für die Puppenstube oder einen Schal für den Teddybär weben. Dieses Tun fördert auch die Ausdauer. Als kleine Geschenke lassen sich Kartonbüchsen bespannen und mit buntem Bast hübsch umweben. Schulkinder versuchen sich mit unserer Hilfe im Perlenweben.

»Strick-Strick«: Wer erinnert sich nicht an das althergebrachte »Strick-Lieschen«? Oder nannten Sie es als Kind »Strick-Suse«? Dieses »Strick-Strick« vertreibt auch heutigen Kindern die Langeweile. Sie »stricken« mit Wollresten meterlange Wollwürste, die sich z.B. zu engen Spiralen zusammenlegen lassen. Mit ein paar Stichen entsteht so ein lustiger Topflappen oder Untersetzer.

Ton und Plastilin zum Modellieren: Gibt es ein schöneres Spiel für Kinder als Kneten und Formen mit Ton oder Plastilin? Plastilin wird im Volksmund Knete genannt. Sie hat gegenüber Ton den Vorteil, dass sie geschmeidig bleibt, leicht verformbar ist, ohne zu schmieren, nicht erhärtet und nicht abfärbt. Sie ist hygienisch einwandfrei und absolut ungiftig. Für drei- bis sechsjährige Kinder zu empfehlen. Die Kinder können im Spiel mit Knete ihrer Fantasie freien Lauf lassen und immer etwas Neues schaffen: Würstchen und Kugeln drehen, Tiere und Männchen formen, flache Platten auswalzen, Muster einritzen, Häuser erschaffen, freie Formen erfinden usw.

Die Verwendung von Ton oder Knete im Spiel ist von besonderem pädagogischem Wert. Das Formen regt die Kreativität an. Es ist für Kinder ab dem zweiten Lebensjahr wichtig, sensorische Fähigkeiten durch Ertasten, Verformen und Zerteilen zu machen. Das Kneten fördert dabei auch die Motorik und stärkt die Hand-Fingermuskulatur als Voraussetzung für das zukünftige Schreiben. Bei älteren Kindern wird eher die Wahrnehmung, Vorstellungskraft und Kreativität gefördert. Der Farbton der Knete ist auf Kinder zugeschnitten: Es sind kräftige Farben vertreten.

Vom Spiel der Farben

Kinder entwickeln dabei: Sinn für Farben, ihre Wirkung und farbliche Gestaltungsmöglichkeiten. Rund um die Farben lassen sich viele naturwissenschaftliche Gesetzmäßigkeiten entdecken.

Bis zum Alter von sieben Jahren kennen Kinder alle Regenbogenfarben. Sie entdecken, dass sich Farben auch durch Kontraste auszeichnen wie »hell und dunkel« – »warm und kalt«. Ihre Farbenfreude zeigt sich in ihren Zeichnungen. Kinder erleben Farben mit allen Sinnen im Spiel.

Farben gehören zu unserem Leben, sie umgeben uns Tag und Nacht. Sie sind Bestandteil unseres Zuhauses und der Umgebung. Wir kleiden uns bunt und essen farbige Nahrung. Farben beeinflussen unsere Gefühle und beherrschen unsere Sinne. Bereits im frühen Kindesalter nehmen wir unsere Umwelt anhand von Farben, Formen und Klängen wahr.

Farbwahrnehmung bei Kindern

Kleine Kinder können schon relativ früh Farben unterscheiden, benennen diese aber erst sehr viel später. Zweijährige verwenden zuerst den Namen einer Grundfarbe, um alle anderen Farben damit zu bezeichnen. Meist ist die erste Farbe, die sie kennen und lieben, Rot oder Pink. Danach lernen sie, ohne eine besondere Reihenfolge beizubehalten, die anderen drei Farbwörter Gelb, Blau, Grün. Erst wenn sie diese vier Farbwörter beherrschen, ordnen sie die Farbwörter den entsprechenden Farben zu.

Bemerkenswert ist, dass die meisten Dreijährigen Gegenstände schon nach Farben zuordnen, bevor sie das Farbwort überhaupt aussprechen können. Kinder lernen später, dass sich aus den drei reinen Grundfarben Rot, Gelb und Blau alle anderen Farben entwickeln.

Warme und kalte Farben: Farben zeichnen sich aus durch Kontraste, zum Beispiel Hell und Dunkel. Die Wirkung entsteht aus dem Nebeneinander von mindestens zwei Farben in verschiedener Helligkeit. Den größten Kontrast bilden Schwarz und Weiß, bei den Buntfarben sind es Gelb und Violett.

Die Farben unterscheiden sich aber nicht nur im Hell-Dunkel-, sondern auch im Kalt-Warm-Kontrast. Auch hier entsteht die Wirkung aus dem Nebeneinander von mindestens einer warmen und einer kalten Farbe, zum Beispiel Grün neben Rot oder Blau neben Gelb.

Die Komplementärfarben: Alles steht im Leben in Bezug zu einem Gegensatz: innen und außen, heiß und kalt, Tag und Nacht, ein- und ausatmen, männlich und weiblich, Leben und Tod, Sommer und Winter. Nur wenn wir beide Seiten einbeziehen, erleben wir nicht die Gegensätze, sondern die Einheit, das Ganze. Genauso ist es mit den Farben. Im Farbkreis stehen die Farben des Regenbogenspektrums jeweils ihrer Komplementär- oder Gegenfarbe gegenüber.

Rot – Grün, Gelb – Violett, Blau – Orange sind komplementäre Paare. Diese Farben verstärken sich gegenseitig, wenn man sie nebeneinanderlegt.

Was können Farben bewirken?

Farben sind Strahlungskräfte und Energien, die auf uns in positiver oder negativer Weise einwirken, ob wir uns dessen bewusst sind oder nicht. Die spielerische Begegnung mit Farben eröffnet Kindern einen tieferen Zugang mit verschiedenen Farbtönen. Durch das praktische Erleben und mit Hilfe von Geschichten können sie bestimmte Farbgefühle selber erfahren:

- Farben können fröhlich oder traurig machen.
- Farben beruhigen oder regen an.
- Farben wirken warm oder kalt.
- Farben können hell oder dunkel sein.
- Farben leuchten und glitzern.
- Farben sind manchmal dumpf und matt.
- Jede Farbe hat ihren eigenen Klang.
- Farben mischen sich zu neuen Farbtönen.
- Farben tragen zum Wohlbefinden bei.
- Farben können heilend wirken.

Ein rotorange gestrichener Raum etwa wird subjektiv um drei bis vier Grad wärmer empfunden als ein blaugrün gestrichener. Auch Tiere reagieren auf Farben. In einem Stall mit blauen Wänden beruhigten sich Pferde nach einem Rennen schneller als in einem roten Stall, in dem sie noch lange Zeit unruhig blieben.

Das Spiel mit Licht und Energie

Kinder entwickeln dabei: Konzentrations- und Wahrnehmungsfähigkeit, Sinn für Licht und Energie etwa durch Klatschen und Reiben der Hände, das Fühlen von Sonnenlicht und Schatten, Wärme und Kälte, das Staunen beim Betrachten eines Regenbogens am Himmel. Große Lebenszusammenhänge werden sichtbar, etwa wenn sich das Sonnenlicht in Kristallen bricht und als Regenbogenfarbspektrum zu sehen ist, wenn Licht und Wärme die Pflanzen aus der Erde locken oder die Blätter des Baums grün färben usw. Ein wunderbares Feld zum Philosophieren mit Kindern.

Licht ist Schwingung, Energie, Klang und Farbe. Der Begriff Energie stammt vom griechischen Wort »Energeia« ab und bedeutet wirkende Kraft und Tatkraft. Energie ist die Kraft, die etwas in Bewegung setzt. Sie bewirkt etwas, verändert, erschafft oder zerstört. Sie ist das Wirkliche in der Welt und die Grundlage allen Geschehens. Die Sonne ist unsere wichtigste Licht- und Energiequelle. Sie steht stellvertretend für die unerschöpfliche Lichtquelle des absoluten Seins.

Die Inder nennen diese Energie Prana. Sie ist seit mehr als 5000 Jahren bekannt. Prana ist für sie Lebenskraft und universeller Lebensodem, die Quelle allen Lebens. Die Yogis begrüßen die Sonne jeden Morgen mit dem »Sonnengruß«. Sie nehmen Sonnenenergie auf für den ganzen Tag.

Die Chinesen sprechen vom Ch'i, das ist der Licht-Fluss der Lebensenergie. Diese Lebenskraft besteht aus den Energieströmen Ying und Yang. Nach der östlichen Auffassung befinden sich der Mensch und die Erde nur im Gleichgewicht, wenn beide Energien fließen und gleichmäßig vorhanden sind.

Spielanregungen

Hier ein paar Anregungen, wie man mit Kindern diese Energie fühlen und erleben kann. Es ist erstaunlich, was diese einfachen Übungen auslösen können. Die Wahrnehmungsmöglichkeit der Kinder wird gefördert und ihre Konzentrationsfähigkeit steigt. Sie lernen ihren Körper wahrnehmen und einzelne Teile benennen.

Wir atmen Sonnenlicht: Wir schließen die Augen. Wir spüren, wie wir dasitzen oder daliegen. Wo berührt unser Körper den Boden? Wir atmen tief ein und aus. Beim Einatmen strömt das goldene Licht der Sonne in uns, beim Ausatmen lassen wir alles los, was uns stört, ärgert oder ängstigt. Wir spüren, wie die goldenen Sonnenpünktchen unseren ganzen Körper ausfüllen. Wir fühlen ihre Wärme, ihr Licht. Wir spüren, wie sich in unserem Bauch eine goldene Sonne bildet. Sie wird größer und größer und erfüllt unseren ganzen Körper. Wir spüren dem Licht und der Wärme nach. Dann strecken und recken wir uns und kommen in das Jetzt zurück.

Energie in unseren Händen: Wir klatschen und reiben unsere Hände zuerst langsam zusammen, dann schneller. Nun halten wir die Hände im Abstand von ca. 5 cm einander gegenüber. Wir bewegen unsere Handflächen zu- und voneinander, so als ob wir Akkordeon spielen würden. Die Hände berühren sich nicht und gehen auch nicht zu weit auseinander. Was können die Kinder wahrnehmen? Ist es heiß geworden zwischen den Handflächen? Hat es geprickelt? Konnte man Fäden ziehen, oder waren unsichtbare Telefondrähte da?

Energie im Kreis: Wir sitzen im Kreis. Die linke Hand liegt auf dem Oberschenkel. Die rechte Hand wird in die bereitliegende linke Handfläche des rechten Nachbarn gelegt. Mit geschlossenen Augen spüren wir dem Energiefluss nach. Dann geben wir in Gedanken eine farbige, unsichtbare Kugel weiter. Je nach Farbe kann eine andere Energiequalität wahrgenommen werden. Wie fühlt sich die Farbe Rot an, wie Blau, Gelb oder Grün? Am Schluss lassen wir als inneres Bild einen Regenbogen über dem Kreis entstehen und fühlen uns wohl bedacht und geborgen.

Tanz der Farben

Kinder entwickeln dabei: Beobachtungsgabe, Farbensinn, einen größeren Wortschatz, Unterscheidungsvermögen verschiedener Farbtöne. Kinder erleben alle Regenbogenfarben spielerisch. Im Folgenden finden Sie viele konkrete Anregungen zum Spielen und Erleben der Farben und wie Kinder im Alltag kreativ, fantasievoll und schöpferisch mit ihnen umgehen.

Der Regenbogen und seine Farben bleiben ein faszinierendes Rätsel, auch wenn man wissenschaftlich immer mehr darüber weiß. Licht und Farbe sind auch heute noch eines der großen Geheimnisse in unserem Universum. Das Erleben der Farben ist eines der ganz besonderen Privilegien, die wir auf unserem Planeten genießen. Farben gehören in unser Leben, sie umgeben uns Tag für Tag.

Was wir als Licht wahrnehmen, ist ein Teil des großen Spektrums elektromagnetischer Energien, die von der Sonne ausgestrahlt werden und auf die Erde gelangen. Wenn sie sich im Regen brechen, können wir sie als Regenbogenspektrum sehen. Farben haben verschiedene Schwingungen. Sie können uns fröhlich, aktiv, ruhig oder besinnlich stimmen. Im Regenbogenspektrum zeigen sich Rot, Orange, Gelb als warme Farben. Sie wirken magnetisch. Grün ist von seiner Schwingung her weder warm noch kalt. Darum ist Grün die Farbe der ausgleichenden Mitte. Die kühlen Farben sind Hellblau, Dunkelblau und Violett. Diese Farben wirken elektrisch.

Nur selten haben wir das Glück, den Regenbogen am Himmel zu sehen. Erfassen wir diese Gelegenheit, nehmen wir uns mit den Kindern Zeit für das kleine Wunder, wenn sich der Regenbogen in seiner Farbenpracht über den Himmel spannt. Hier ein chinesisches Sprichwort, das vom richtigen Verhalten in diesem besonderen Augenblick erzählt:

Die Arbeit läuft dir nicht davon,
wenn du deinem Kind einen Regenbogen zeigst.
Aber der Regenbogen wartet nicht,
bis du mit deiner Arbeit fertig bist.

Tanzende Regenbogenlichter: Wir hängen eine geschliffene Glaskugel vor ein Fenster. Wenn die Sonne durchscheint, bilden sich im Zimmer wunderschöne Regenbogen. Die Kinder freuen sich an diesen bunten Lichtquellen. Wenn sich die Glaskugel an der Schnur dreht, beginnen die Regenbogen an den Wänden im Zimmer zu tanzen. Manchmal sehen sie aus wie kleine Fische und zuweilen werden sie so groß wie unsere Hände. Sonnenlicht, das sich in geschliffenem Glas bricht, entwickelt so leuchtende und intensive Regenbogenfarben, wie man sie nie malen kann.

»Blind« Farben malen: Wir stellen uns ganz ruhig hin und atmen tief ein und aus. Wenn möglich mit geschlossenen Augen spielen. Wir stellen uns vor, an unserer Nase wächst ein langer Malpinsel. Vor unseren Füßen stehen drei Töpfe mit den Farben Rot, Gelb, Blau. Wir tauchen nun den Pinsel in den ersten Farbtopf mit der roten Farbe. Mit großen Schwüngen pinseln wir die Farbe an die gegenüberliegende Wand von unten nach oben. Wir versuchen, die Fläche ganz zu füllen. Wenn sie voll bemalt ist, betrachten wir sie innerlich eine Weile.

Dann gehen wir mit unserem Nasenpinsel zum zweiten Topf. Wir holen gelbe Farbe und bemalen nun die Wand wieder mit großen Schwüngen des Kopfes, von unten nach oben. Gelingt es uns, das Rot mit dem Gelb zuzudecken? Abschließend bemalen wir die Wand mit der blauen Farbe. Am Schluss tauschen wir unsere Erfahrungen aus. Welche Farbe ließ sich nicht gut streichen? Welche war zähflüssig, dünn, saftig oder leuchtend? Gab es Muster, Streifen, Punkte? Damit wir kleine Kinder nicht überfordern, malen wir mit ihnen nur eine Farbe. Größere können sich auf zwei, drei Farben konzentrieren.

Mandala malen

Das Wort Mandala stammt aus dem Sanskrit, einer uralten Sprache aus Indien. Mandala bedeutet: Kreis mit einer Mitte. In allen alten Kulturen waren Mandalas als farbige, geometrische Bilder anzutreffen. Mandalas waren heilige Zeichen. Licht, Farbe und Form wurden in ihnen so verbunden, dass eine Harmonie der Einheit entstand. Bei uns fand das Mandala in den Rosenfenstern der gotischen Kirchen seine höchste Vollendung.

Schon das bloße Betrachten eines Mandala beruhigt und zentriert. Kinder werden beim Malen von Mandalas ruhig. Während sie an einem Mandala malen, breitet sich eine kreative Stille aus. Sie sind ganz bei sich. Ein inneres Ringen entsteht: Wo beginnen wir, wie fahren wir fort, welche Farbe und welche Form muss gewählt werden, damit das Bild symmetrisch wird? Wir lassen sie Farbelfen spielen und mit den Regenbogenfarben die Märchenblumen malen. Abschließend betrachten wir die fertigen Mandalas gemeinsam. Wer möchte sein Mandala verschenken?

Blumenmandala: Kinder lieben Farben, darum lassen wir sie wie die Elfen Blumen malen in der Form von einem Mandala. Vielleicht schauen wir uns vorher eine Rose an oder andere Blumen. Dabei stellen wir fest, dass die Blütenblätter in einem wunderbaren kreisförmigen Muster angeordnet sind, wie ein Mandala.

Mit Fantasiereisen zu inneren Bildern

Mit Fantasiereisen führen wir die Kinder behutsam zu den Bildern ihrer inneren Welt. Sie sind eine Einladung zur Begegnung des Bewusstseins mit den eigenen seelischen Bildern. Nach C.G. Jung sind die Urbilder der Seele kultur- und religionsübergreifend. Kinder, die ruhig werden und innere Bilder wahrnehmen, können sich besser konzentrieren und klarer denken. Eine Fülle von geführten, kindgerechten Imaginationen finden Sie in Büchern und auf CDs. Sie lassen sich auch leicht selbst erfinden.

Damit Fantasiereisen mit Kindern gelingen, brauchen wir Absprachen, Zeichen und Rituale. Wir machen sie wenn möglich immer am gleichen Ort. Der erste Schritt heißt: Wir legen uns auf eine Decke, werden alle leise und atmen ruhig ein und aus. Wir halten die Anleitungen für die Kinder knapp, brauchen wenig Worte und lassen zwischen den einzelnen Sätzen Zeit. Die Reise kann auch im Sitzen gemacht werden. Fünf-, Sechsjährige schließen die Augen, wenn sie das wollen, jüngere Kinder lassen sie offen. Zum Schluss der Reise kehren wir immer an den Ausgangspunkt zurück. Wenn die Kinder wollen, dürfen sie erzählen, was sie alles gesehen und erlebt haben.

»Die Blumenwiese«: eine kleine Fantasiereise

Die Kinder legen sich auf eine Decke, werden leise und atmen ruhig ein und aus. Entspannt halten sie die Augen geschlossen, wenn sie mögen, und hören dem Erzähler der Fantasiereise zu. Die Geschichte beginnt:

»Die Sonne scheint uns auf den Körper. Ein blauer Himmel wölbt sich über uns. Wohlige Wärme durchfließt uns von den Füßen bis zum Kopf. In unserer Fantasie stehen wir nun auf und gehen über einen kleinen Feldweg zu einer Blumenwiese. Wir setzen uns ins grüne Gras, schnuppern den Duft der Wiesenblumen und hören, wie die Grillen zirpen. Wir betrachten die vielen Wiesenblumen, ihre Farben und Formen. Wer erkennt eine Blume? Ist es vielleicht Löwenzahn oder eine Margerite? Wir beobachten das emsige Treiben der Bienen und Schmetterlinge, wie sie von Blume zu Blume fliegen. Im Gras kriecht eine Schnecke und dort hüpft ein Heupferd. Nach einiger Zeit gehen wir den gleichen Weg wieder zurück, bis wir an unseren Ausgangspunkt zurückkehren. Wir räkeln und strecken uns und öffnen die Augen. Wer will, kann erzählen, was er erlebt hat.«

»Märchen-Garten«: eine kleine Fantasiereise

Wir legen uns auf eine Decke, werden leise, atmen ruhig ein und aus. Wir sind entspannt und haben die Augen geschlossen. Die Fantasierreise beginnt:

»Die Sonne scheint uns auf den Körper. Ein blauer Himmel wölbt sich über uns. Wohlige Wärme durchfließt uns von den Füßen bis zum Kopf. In unserer Fantasie stehen wir auf und gehen über Steinplatten zu unserem Gartentor. Wir öffnen die Türe und treten in unseren Wundergarten ein. Unter den Sträuchern wohnen die Zwerge und in den Blumen wohnen die Elfen. Sie tanzen über den duftenden Blüten und musizieren in den blauen Glockenblumen. Ihre Musik mischt sich mit dem Plätschern des Springbrunnens. Wir setzen uns auf die Gartenbank und betrachten das Wasserspiel und schauen dem Tanz der Elfen zu. Wir gehen zwischen den Blumen am Springbrunnen vorbei, zurück durchs Gartentor und schließen sorgfältig ab. Über den Steinplattenweg kommen wir zurück. Wir strecken uns und öffnen die Augen.« Die Kinder erzählen abschließend, was sie im Wundergarten erlebt haben. Fantasiereisen können wie ein Ritual täglich oder wöchentlich wiederholt werden.

Ein Regenbogen entsteht: Wir setzen oder legen uns entspannt hin, schließen die Augen und atmen ruhig ein und aus. Wir stellen uns einen Regenbogen vor. Wir holen uns innerlich eine Farbe nach der anderen. Wir füllen uns beim Atmen ganz mit Rot, dann mit Orange, Gelb, Grün, Hellblau, Dunkelblau und Violett. Dann lassen wir den Regenbogen vor unserem inneren Auge wieder verschwinden. Wir strecken uns, räkeln uns, öffnen die Augen und sind wieder ganz da.

Rot tanzt mit uns im Kreise

Rot ist die Königin aller Farben. Sie symbolisiert Stärke und Selbstbewusstsein. Die meisten Kinder geben Rot oder Pink als ihre Lieblingsfarben an. Die Farbe Rot ist geprägt von zwei elementaren Erfahrungen: Rot ist die Farbe des Blutes und Rot ist die Farbe des Feuers. Rot ist aktiv, ist Bewegung, ist dynamisch, bedeutet Lebenskraft. Als Heilfarbe ist Rot die Farbe der Energie. Rot bringt Leben und Wärme in unseren grauen Alltag.

- Rote Socken machen müde Beine beim Laufen munter. Auf einer roten Unterlage lässt sich gut bauen. Ein roter Teppich unter dem Schreibtisch gibt Power bei der Arbeit.
- Rottöne lassen Räume kleiner wirken. Sattes, intensives Rot wirkt bedrückend. Helles Rot wird nur in Aktiv-Räumen verwendet. Rote Wände in einem Schlafzimmer sind zu aufregend.
- Helles Rosa wirkt erstaunlicherweise nicht anregend, sondern besänftigend und Stress abbauend.
- Rudolf Steiner, der sich viel mit Farben befasst hat, rät besonders unruhige Kinder in Rot zu kleiden. Die rote »Außenfarbe« erzeuge im Inneren der Kinder die Komplementärfarbe Grün. Und Grün wirkt beruhigend. Probieren geht über studieren!

Rote Spielideen

- Heute dürfen die Kinder die Tomaten für den Salat selbst schneiden.
- Wir machen mit den Kindern ein Feuer, sitzen drumherum, erzählen Geschichten, singen Lieder und beobachten den Tanz der Flammen und warten auf die rote Glut.
- Wir sammeln rote Schätze zum Fühlen, Bestaunen und Spielen.
- Am »roten Tag« tragen wir rote Kleider.
- Wo sind in der Wohnung rote Gegenstände?
- Beim nächsten Spaziergang spüren wir wie Detektive alles »Rote« auf und benennen es!

Feuerdrachen und Zwergenhut: Da Rot die Farbe der Kraft ist, malen wir mit den Kindern kraftvolle, leuchtende Bilder. Wer versucht es mit riesigen Feuerdrachen, einer pustenden, roten Dampflokomotive oder einem roten Auto, das durch die Gegend flitzt? Im Märchenreich zeichnen wir Zwerge mit roten Zipfelmützen und Riesen mit roten Stiefeln. Wenn die Bilder fertig sind, erzählen die Kinder sich gegenseitig ihre Geschichten dazu.

Marienkäfer oder Schweinchen? Die Kinder erinnern sich, wo sie rote Tiere getroffen haben, und erzählen, wo sie leben, wie sie aussehen und was sie fressen. Vielleicht können

sie die Tiere pantomimisch darstellen und die anderen müssen die Tiere erraten: ein Marienkäfer, ein Fuchs, ein Schweinchen, eine rothaarige Katze usw.

Orange ist Freude und Kreativität

Orange ist die kreativste und schöpferischste Farbe. Weil die Sonne das Gleichnis für Gott ist, tragen die östlichen Mönche orangefarbene Gewänder. Eingehüllt in die Symbolfarbe der Sonne, fühlen sie sich rundum geborgen und beschützt. Orange kommt dem natürlichen Licht am nächsten. Es fördert Frohsinn, regt zu Bewegung und Tanz an. Rotorange gilt als die wärmste Farbe. Sie wirkt gesundheitsfördernd und regt den Appetit an.

■ Wenn Kinder nicht gerne essen, legen wir ein oranges Set unter den Teller und bieten öfters Orangensaft und Karottensalat an.

- Die Farbe Orange ist besonders geeignet für Ess- und Unterhaltungsräume, für Räume zum Tanzen und Bewegen.

Orangefarbene Spielideen

- Wir tanzen einen Sonnentanz und wirbeln orange Tücher durch die Luft.
- Wir schauen uns einen Sonnenaufgang an und bestaunen die orangefarbene Scheibe!
- Am »orangen Tag« tragen wir orange Kleider, verwenden orange Gegenstände und kochen eine Kürbissuppe.
- Wer entdeckt in einem Bilderbuch Bilder, die viel Rot, Gelb und Orange enthalten?

Wir besuchen den Maharadscha: Wer malt ein Fantasiebild vom Maharadscha? Er lebt in Indien und wohnt in einem orangen Wasserschloss. Das orientalische Gebäude hat viele orange glänzende Kuppeln und Türme. Im Wasser schwimmen Goldfische. Im Innenhof stehen Orangenbäume. Die Orangen leuchten wie rotgoldene Kugeln zwischen den Blättern hervor. Auf diesen Bäumen sitzen Paradiesvögel und zwitschern Lieder. Der Maharadscha trägt orange Kleider und einen rot-gelb-orangen Turban. Die Diener wedeln ihm die Fliegen weg. Der Maharadscha sitzt auf aprikosenfarbigen Kissen. Dunkelorange gekleidete Musikanten spielen ihm das Orangenlied. Jetzt sind wir aber gespannt, wie eure Bilder aussehen!

Gelb strahlt wie die Sonne

Gelb ist schwerelos, heiter und aufmunternd. Es dehnt sich uneingeschränkt aus, unterstützt eigene Gedanken und bringt spontane Freude am Handeln. Gelb ist Licht und Glücksgefühl. Gelb hellt das Gemüt auf und stärkt die Nerven, fördert aber auch Konzentration und Denken.

- Gelb hellt im Winter das Gemüt auf, darum verwenden wir im Winter ein gelbes Tischtuch und stellen gelbe Blumen und Kerzen auf.
- Gelb im Raum wirkt sich günstig auf geistige Arbeit aus wie Lernen, Rechnen, Lesen, Schreiben. Deshalb sollte reines Gelb nicht in Schlafräumen benutzt werden.

Gelbe Spielideen

- Wer kann Sprichwörter zum Thema Gelb pantomimisch darstellen? Ich denke etwa an: »Morgenstunde hat Gold im Munde« oder »Das ist nicht das Gelbe vom Ei!«
- Wir backen einen saftigen Zitronenkuchen, mixen uns eine herrliche Bananenmilch und wer kocht Safranreis?
- Gibt es gelbe Tiere und wo leben sie?

Farben »essen«: Wir stellen uns ruhig in den Raum und schließen die Augen. Wir atmen ein paar Mal tief durch. Nun erzählen wir eine kurze Geschichte: Wir stellen uns vor, wir stehen unter einem Zitronenbaum. Er ist voller gelber Zitronen. Wir suchen uns die schönste Zitrone aus und pflücken sie. Nun halten wir sie in den Händen und riechen daran. Dann schneiden wir sie in der Mitte durch und beißen mit unseren Zähnen in die saftige Zitrone hinein. Der Saft rinnt uns in den Mund und über die Lippen. Anschließend erzählen die Kinder, was sie erlebt haben: Wer hat das »Saure« der Zitrone auf den Lippen oder der Zunge gespürt? Hat sich Speichel im Mund gebildet? Wem sind die Haare auf den Armen zu Berg gestanden?

Grün bringt Entspannung

Grün beruhigt, beeinflusst positiv, wirkt ausgleichend und vermittelnd. Es bringt Ruhe ins tägliche Leben. Wenn wir Grün einatmen, fühlen wir eine innere Weite.

- Wir entspannen uns in einem grünen Fichtennadelbad und benützen blaugrüne Badetücher. Wenn wir mehr inneren Platz brauchen, hängen wir ein Wald-, Baum- oder Pflanzenbild in Blickrichtung auf oder stellen dort eine Grünpflanze hin.
- Spazieren im Grünen entspannt angenehm.
- Starkes Grün lässt Räume leer und tot wirken. Türkis hingegen eignet sich für Küche, Bad und Schlafzimmer. Es wirkt beruhigend und erfrischend.

- Gibt es heute Erbsen, Bohnen, Spinat, Kresse oder Kopfsalat zum Essen?
- Wir malen gemeinsam einen Märchenwald.
- Wir legen uns im Sommer unter einen Baum und betrachten seine Blätter.
- Was lässt sich in der Wiese entdecken?
- Wir sammeln Blätter und Pflanzen und pressen sie für unser Herbarium.
- Welche grünen Tiere gibt es? Wo leben sie?

Wir pflücken einen grünen Kräuterstrauß: Beim nächsten Rundgang im Garten oder auf dem Markt suchen wir Küchenkräuter. Sie duften so herrlich. Wer entdeckt Petersilie, Schnittlauch, Bohnenkraut, Rosmarin, Basilikum? Zu Hause würzen wir mit unserem Kräuterstrauß den Salat, die Suppe und das Gemüse. Wer riecht und schmeckt den Unterschied der verschiedenen Kräuter? Wer pflanzt eigene Küchenkräuter?

Frosch oder Krokodil? Heute zeichnen wir grüne Tiere. Was schwimmt da grün im Nil? Was quakt auf dem Seerosenblatt und hüpft ins Wasser? Was schlängelt grün durch den Regenwald? Vielleicht zeichnen wir ein Bild von einer grünen Schmetterlingsraupe, einem Leuchtkäfer, einer Heuschrecke oder einer Eidechse. Wir befestigen unser grünes Tierbild mit Magnetknöpfen am Kühlschrank.

Blau hilft beim Träumen

Blau wirkt kühlend, bringt Erholung, Entspannung, Friede, Stille, Ruhe und fördert den Schlaf. Es hilft bei Schlaflosigkeit und Nervosität.

- Wir hängen blaue Vorhänge ins Kinderzimmer und beziehen das Bettchen mit blauer Bettwäsche. Zum Geschichtenerzählen und Bilderbücheranschauen legen wir ein blaues Tuch in die Kuschelecke oder auf den Lesetisch.
- Blau eignet sich gut für Schlafzimmer oder Büros. Für Ess- und Wohnzimmer ist es dagegen ungeeignet.

Blaue Spielideen

- Wir besprechen mit den Kindern Redewendungen zum Thema Blau wie: Eine Fahrt ins Blaue. – Das blaue Wunder erleben. – Ist er blaublütig? – »Blauäugig«, was ist das?
- Wir betrachten den Tag- und den Nachthimmel. Was lässt sich da nicht alles entdecken? Vögel, Flugzeuge, Sterne ...
- Heute essen wir mal Heidelbeeren.
- Wer kennt den himmelblauen »Bläuling«?
- Wie viele blaue Blumen fallen dir ein?

Fluss, See oder Meer? Heute zeichnen wir eine Wasserlandschaft. Was schwimmt auf dem silbrigblauen Fluss, dem türkisblauen See und dem tintenschwarzen Meer? Was ist auf, im und unter dem Wasser zu sehen? Der Fantasie sind keine

Grenzen gesetzt. Vielleicht tauchen schwimmende Kinder auf, grünblaue Nixen, blaue Leuchtfische, perlmuttblau schimmernde Muscheln, Delfine, Segelboote, Unterseeboote und bläulich rauchende Dampfschiffe.

Bewegte und stille Wasser: Die Kinder sitzen im Kreis. Jedes erzählt, wie sein Wasser aussieht und macht die passenden Bewegungen dazu:

- Mein Wasser ist ein blauer, tiefer See.
- Mein Wasser plätschert über die Steine.
- Mein Wasser liegt als Pfütze auf der Straße.
- Die Regentropfen fallen vom Himmel auf die Erde und klopfen ans Fenster.
- Mein Wasser fließt aus dem Wasserhahn.

Violett ist Würde

Violett verstärkt Hingabe bei Gebet und Meditation und fördert intuitives Verständnis. Diese Farbe verstärkt Selbstachtung und Würde. Violett ist Kraft spendend, wirkt reinigend und heilend.

- Wir entspannen uns im Lavendelbad. In unsere Gebets- oder Meditationsecke stellen wir einen Amethyst und legen die von uns gesammelten Engelkarten auf ein lilafarbenes Tuch.
- Violett fördert Verehrung und Hingabe.

Violette Spielideen

- Wer spielt die violette Zauberfee?
- Wir füllen mit getrocknetem Lavendel Duftsäckchen ab.
- Wer hilft einen Zwetschgenkuchen backen?
- Wir trinken zusammen Holundersaft und kochen Brombeermarmelade.
- Wir sammeln lila und violette Blumen.

Wer malt ein Bild von Tante Lila? Tante Lila wohnt in einem lila Haus. Sie fährt ein lila Fahrrad und hat einen lila Kater. Sie trinkt violetten Tee und badet in Lavendelwasser. Sie liest in lila Büchern und kocht dunkelvioletten Holundersirup ein. Sie hat einen lila Rasen. In ihrem Garten wachsen violette Blumen. Sie strickt die längsten Schals mit lila Wolle. Sie bäckt die besten Fliederplätzchen und dreht die süßesten Veilchenbonbons. Wer möchte Tante Lila besuchen und von ihr ein Bild malen?

Ich sehe was, was du nicht siehst: Der Spielleiter sucht sich mit den Augen einen violetten Gegenstand aus. Das kann ein Kleidungsstück sein, ein Gegenstand im Zimmer, ein Spielzeug. Dann sagt er: »Ich sehe was, was du nicht siehst, und das ist violett!« Wer den violetten Gegenstand als Erster errät, ist in der nächsten Runde Spielleiter. Das Ratespiel lässt sich natürlich mit jeder Farbe spielen.

Hilfe für die magischen Jahre

Kinder entwickeln dabei: Zwischen zwei und fünf Jahren ist das Denken der Kinder magisch. Diese »magischen Jahre« sind eine wichtige Phase in der Persönlichkeitsentwicklung des Vorschulkindes. Diese Gedankenwelt ist vielen Erwachsenen fremd. Kinder stehen der »unsichtbaren« Welt sehr nahe. Fantasie, Traumbilder und Märchenwesen entsprechen ihrem Entwicklungsstand.

Spiel ist die Sprache des Herzens. Wer sie hören kann, erfasst die Gedanken- und Erlebniswelt der zwei bis fünfjährigen Kinder und bekommt Verständnis für das Geheimnis dieser magischen Zeit.

In diesem besonderen Zeitraum sind für kleine Magier Gedanken und Taten dasselbe. Sie glauben, dass Wünsche wirkliche Ereignisse herbeizaubern können. In dem Zauberwort »Abrakadabra« steckt so viel Kraft, dass sich aus Kindersicht alles verwandeln lässt. Die Vorschulzeit sind die Jahre des Zauberhaften, aber auch die Jahre der Ängste und Kämpfe mit Gespenstern, Tigern und Drachen.

Die Ängste eines Zweijährigen sind nicht dieselben wie die eines Fünfjährigen, selbst wenn dasselbe Krokodil in seiner inneren Vorstellung unter dem Bett liegt. Denn das

Zweijährige glaubt, dass das Krokodil wirklich unter dem Bett daliegt. Mit Vernunft ist ihm nicht beizukommen.

Das fünfjährige Kind weiß schon um die Gleichzeitigkeit von Spiel und Realität. Trotzdem glaubt es noch an magische Kräfte. Das Ungetüm steht glasklar vor seinem inneren Auge ... Manchmal fängt ein Fünfjähriges an, Probleme auch über die Sprache zu lösen. Das kann das Zweijährige nicht, weil es der Sprache noch nicht mächtig ist.

Kinder kämpfen in der frühen Kindheit mit den gefährlichen Geschöpfen ihrer Vorstellung. Sie müssen sich den Gefahren der inneren und der äußeren Welt stellen. Das gehört zum Entwicklungsweg jedes Heranwachsenden: Kinder verlassen symbolisch das Schloss der Geborgenheit, gehen durch den Wald ihrer Gefühle, stellen sich Gefahren und lösen Probleme, genau wie der Held oder die Heldin im Märchen, die ausziehen, das Fürchten zu lernen, Prüfungen zu bestehen und Rätsel zu lösen. Am Schluss kehren sie zurück und werden König oder Königin. Durch ihren handelnden Weg sind sie zu eigenständigen, souveränen Menschen geworden. »Und wenn sie nicht gestorben sind, so leben sie noch heute ...«

Was sehen und erleben Kinder anders?

Das Kind ist davon überzeugt, dass alle Dinge eine Seele haben, dass sie lebendig sind und fühlen und handeln können. Ein Stein lebt für das Kind, weil er einen Abhang hinunterkullern oder durch die Luft fliegen kann. Es glaubt, dass der Fluss lebt und einen eigenen Willen hat, weil sein Wasser fließt. Jeder Baum erscheint ihm als lebendiges Wesen, weil er seine Äste im Wind schütteln kann und seine Blätter tanzen lässt. In diesem Alter ist die Trennungslinie zwischen leblosen Gegenständen und lebendigen Wesen fließend.

Kinder sind überzeugt, dass wir die Sprache der Bäume, des Windes und des Wassers verstehen können, wenn wir nur gut genug hinhören. Sie unterhalten sich mit ihren »stummen« Spieltieren und Puppen. Sie sprechen auch mit ihren unsichtbaren Freunden, die sie oft über Jahre begleiten.

Das Kind geht davon aus, dass die Beziehung zur unbelebten Welt gleichgeartet ist wie die zur belebten Welt. Es zeigt spontan alle Gefühle. Es streichelt und küsst die Mutter, weil es sie liebt. Also wird auch jeder andere liebenswerte Gegenstand geküsst und gestreichelt: eine Halskette etwa, ein Spiegel, ein Spielzeug oder ein Paar Schuhe.

Stößt sich das Kind an der Tischkante, schlägt es den Tisch, weil er böse ist. Fällt vor ihm eine Tür ins Schloss, tritt es wütend dagegen und schimpft mit ihr. Es bestraft die Tür, weil es sicher ist, dass diese aus böser Absicht gehandelt hat.

»Hör auf mit den Lügen!«

In dieses kindliche Weltbild dringen nun die Erwachsenen ein und weisen das Kind zurecht: »Das gibt es nicht! Dinge können nicht fühlen und sprechen! Schluss mit dem Blödsinn, es ist unmöglich, dass du im Ausguss der Badewanne verschwindest! Grüne Sonnen gibt es nicht!« Und wenn das Kind eine Fantasiegeschichte erfindet, sagen sie nicht selten: »Hör auf mit den Lügen!«

Um den Erwachsenen zu gefallen und nicht lächerlich gemacht zu werden, täuscht das Kind vor zu glauben, was ihm gesagt wird. Doch tief in seinem Herzen ist es anderer Überzeugung. Unter dem rationalen und materialistischen Einfluss der Erwachsenen vergräbt das Kind sein wahres Wissen in sich. Es glaubt einfach nicht, was ihm da erzählt wird, weil es die Welt anders erlebt.

Für Kinder ist Sichtbares und Unsichtbares in gleicher Weise Realität. Deswegen kommen sie oft in einen inneren Zwiespalt. Hier können die Ursprünge von Ängsten, Problemen und negativen Verhaltensweisen liegen, welche die Persönlichkeitsentwicklung beeinflussen.

Es braucht eine bestimmte Reife, bis Kinder den Unterschied zwischen Wahrheit und Lüge verstehen. Zwischen zwei und sechs Jahren leben die Kinder wie gesagt im magischen Alter. Für sie ist alles, was sich bewegt, beseelt und lebendig. Darum ist es für sie selbstverständlich, dass Tiere im Märchen sprechen, sich Leute in Steine verwandeln oder zur Frau Sonne in den Himmel steigen, um sich Rat zu holen. Kinder wandeln traumsicher zwischen der realen und der unsichtbaren Welt hin und her. In diesem Alter fällt es ihnen schwer, Wirklichkeit und Fantasie voneinander zu trennen. Sie malen sich in Geschichten aus und glauben an das, was sie gerade schildern. Das hat mit bewusstem Lügen nichts zu tun, sondern mit dem magischen Alter und ihrer reichen Fantasie!

Ist Fantasie gefährlich?

Andere Ausdrücke für Fantasie sind etwa: Einbildungskraft, Vorstellungsvermögen, Schöpferkraft, Erfindungsgabe, Bildkraft und Eingebung. Es zirkulieren auch negative Ausdrücke wie Dunstbild, Übertreibung, Wahn, Trugbild, Schwärmerei und Hirngespinst. Nach diesen unterschiedlichen Vorstellungen von Fantasie stellt sich uns die Frage: Ist Fantasie gefährlich? Kann sie Kindern schaden? Nein, natürlich nicht! Fantasie,

Vorstellungsvermögen, innere Bildkraft und Erfindungsgabe sind sogar unerlässlich für ihre gesunde Entwicklung. Fantasievolle Kinder sind bloß für uns Erwachsene manchmal unbequem. Sie haben eigene Ideen, sind selbstständig, schöpferisch und voller Tatendrang. Sie passen nicht in unseren genormten Alltag. Sie sind nicht pflegeleicht und schlecht steuerbar. Fantasie ist für Kinder eine Quelle der Lebensfreude und Kraft. Für Erwachsene sind fantasievolle Kinder oft ein Störfaktor und ein Ärgernis.

Unsichtbare Freunde

Kinder entwickeln dabei: inneren Reichtum im Fühlen, Empfinden und Erleben; die Möglichkeit, innere Kräfte zu aktivieren, um schwierige Erfahrungen oder beängstigende Situationen zu bewältigen; Begegnungen mit der geistigen Welt. Kinder sprechen und spielen mit unsichtbaren Freunden, wenn wir sie ungestört lassen. Sie leben wie selbstverständlich in und mit diesen bildhaften Erfahrungen. In diesem Alter gehören unsichtbare Freunde, Zwerge, Engel, Feen genauso dazu wie der Nikolaus oder der Osterhase.

Viele Kinder haben zwischen zwei und sechs Jahren unsichtbare Freunde. Sie erscheinen ihnen spontan beim Spielen. Kinder auf der ganzen Welt lieben ihre unsichtbaren Freunde. Diese bildhafte Erfahrung ist ein seelisches Erlebnis. Es passiert beim Zuhören von Geschichten und im Spiel. Kinder leben wie selbstverständlich in dieser elementaren Bilderwelt.

Sie geben diesen Figuren oft komische, klangmalerische Namen. Die unsichtbaren Freunde begleiten sie Tag und Nacht. Sie sind so etwas wie Spielgefährten aus der geistigen Welt. Diese Fantasiefiguren werden von Kindern als Wirklichkeit erlebt. Sie spielen mit den Kindern, essen am Tisch, fahren mit im Auto, helfen beim Aufräumen usw. Das kann für Erwachsene ganz schön nervig werden, denn mit Verstand und intellektuellen Argumenten ist diesen Wesen nicht beizukommen! Man muss die Sicht der Kinder akzeptieren und sie in den Alltag integrieren. Ein »Trost« besteht: Sie verschwinden genauso plötzlich wieder, wie sie im Leben der Kinder aufgetaucht sind. Aber das kann dauern, ein bis zwei Jahre sind »normal«!

Kinder brauchen solche inneren Gestalten so dringend wie die Luft zum Atmen. Interessant ist, dass sich auch Erwachsene noch Jahrzehnte später an diese mit dem Herzen gesehenen Wesen erinnern! Darum habe ich Erwachsene zu diesem Thema befragt. Es ist erstaunlich, wie real diese unsichtbaren Figuren in ihrer Erinnerung wach geblieben sind. Hier ein paar Beispiele:

Eine Freundin erzählte mir: »Ich habe als Kind kleine Prinzen gesehen. Die trugen einen Rock mit Gürtel und eng anliegende Hosen. Ihre Füße steckten in Sandalen. Sie hatten schulterlanges blondes Haar. Ich konnte mit ihnen sprechen und mit ihnen spielen. Mein liebster Prinz trug ein pinkfarbenes Wams. Ich habe über Jahre mit ihm gespielt. Auch meine Schwester durfte mitmachen. Wir haben zusammen stundenlang mit den Prinzen Geschichten erfunden und Spiele entwickelt. Sie waren unser Geheimnis, das haben wir nie verraten, weder den Eltern noch unseren Freundinnen.«

Eine Kindergärtnerin sagte mir: »Wenn wir als Kind im Wald zu einer Moos bewachsenen Stelle kamen, sagte mein Vater: ›Kinder, legt ein Ohr auf den Waldboden und lauscht, ob ihr die Zwerge arbeiten hört!‹ Wenn ich das machte, konnte ich das Klopfen der Zwerge deutlich hören. Ich schloss die Augen und sah, wie die Zwerge unter der Erde die Edelsteine in die Kristallform klopfen konnten. Zu meinem Erstaunen hörte ich die Geräusche bei jedem Waldspaziergang und konnte die Arbeit der Zwerge immer wieder beobachten!«

Ich selbst hatte als Kind öfter Erlebnisse mit Zwergen. Ich hatte eine lebhafte Fantasie und konnte mir die Wesen vorstellen. Ich sprach überall mit meinen Fantasiegestalten. Ich hatte einen Zwerg, den nannte ich Alfons. Alfons legte sich immer auf meine Füße vor dem Einschlafen. Er wärmte und massierte sie für mich. So hatte ich als Kind nie kalte Füße. Ich erinnere mich, er sah aus wie ein altes Männchen, mit Bart, roter Zipfelmütze und einem moosigen Kleid. Tagsüber hütete er meine Spielsachen. Ich konnte beruhigt weggehen, denn ich wusste, Alfons war ein guter Wächter.

Anna erzählte: »Mit etwa drei Jahren hatte ich einen unsichtbaren Freund. Er wohnte hinter dem Schrank im Korridor. Da war es ein bisschen dunkel und er verschwand immer im Schlitz zwischen dem Schrank und der Wand, wenn meine Mutter auftauchte. Ich nannte ihn Jakob. Jakob war eine Art Zwerg. Er spielte und sprach über Wochen mit mir. Ich baute mit Klötzchen Häuser für ihn, bastelte ihm einen Tisch zum Essen und ein Bett zum Schlafen. Nachts verschwand er immer hinter dem Schrank. Ich war stolz, dass Jakob mir allein gehörte und meine Eltern ihn nie sehen konnten!«

Eine Mutter berichtete mir: »Mein Sohn erfand zwei Spielfiguren. Er gab ihnen die Namen Nigg und Nugg. Nigg war der liebe Geselle. Wenn er mit ihm spielte, sprach er immer mit hoher Stimme. Nugg war der Böse. Wenn Nugg ins Spiel kam, wurde seine Stimme immer tief. Nugg machte alles kaputt und fabrizierte Blödsinn. Mit Nugg musste er schimp fen und ihn bestrafen. Beide Figuren begleiteten ihn gut zwei Jahre lang. Ich habe sein Geheimnis immer respektiert und ihn weder darüber ausgefragt noch ausgelacht.«

In der Zwergenschule

Kinder entwickeln dabei: Das Thema »Zwerge« bietet sich zu Hause oder im Kindergarten für eine ganze Vielzahl an wunderbar fantasievollen, abwechslungsreichen Projekten und Spielen an. Zwerge sind Kindern oft nahe, weil sie so klein sind, liebenswürdig, hilfsbereit und fleißig, aber auch zornig werden und so richtig poltern können.

Schon kleine Kinder wissen, dass man Zwerge und Feen nur selten zu Gesicht bekommt. Denn das kleine Volk, wie es auch genannt wird, ist scheu und lässt sich nicht gerne beobachten.

Meine Großmutter sagte immer:

»Die Stunde vor Sonnenaufgang, zur Mittagszeit, in der Abenddämmerung und um Mitternacht kann man am ehesten Zwerge antreffen.« Ein guter Trick dabei ist, seinen Kopf so vornüber zu beugen, dass man

zwischen den eigenen Beinen durchblicken kann. Aus diesem »Verkehrte-Welt-Blickwinkel« schauen wir zu einem

Hügel, einer Höhle, einem hohlen Raum oder auf Moos. So können wir vielleicht unerwartet ins Zwergenreich schauen.

Meine Großmutter erzählte mir von der Zwergenschule in der Erde. Dort werden alle Zwerge ausgebildet. In der Eingangshalle soll eine große Landkarte an der Wand hängen. Dort lässt sich ablesen, wo es heute noch Zwerge gibt auf dieser Welt. Schottland und Irland sind dick eingezeichnet. Auf beiden Inseln lebt noch ein großes Zwergenvolk. Auch in Neuseeland und in Südamerika gibt es noch viele Naturwesen. In Europa leben die meisten in Berggegenden, weil dort die Menschen noch mit ihnen sprechen und an sie glauben.

Wenn die Glocke klingelt, trippeln viele Zwerge in den Raum. Sie kichern und bestaunen den Zwergenlehrer. Sie fragen: »Warum sehen wir alle so verschieden aus?« Er antwortet weise: »Wir lieben die Menschen so sehr, dass wir sie nicht erschrecken wollen. Darum können wir unser Aussehen verändern. Ein Zwerg, der bei den Eskimos lebt, der sieht aus wie ein Eskimo, ein Zwerg, der in Indien lebt, sieht aus wie ein Inder, einer, der in China lebt, sieht aus wie ein Chinese, und ein Zwerg, der in Europa lebt, der sieht eben aus wie die Menschen, die da leben!«

Damit alle Zwergenschüler wissen, in welche Klasse sie gehen müssen, sind die Räume mit Namen versehen. Über dem Eingang steht etwa: »Wurzelzwerge«, »Spielwichtel«, »Maschinenzwerge« oder »Kräutermännchen«.

Wurzelzwerge: Der erste Raum gehört den Wurzelzwergen. Diese Schüler sehen alle knorrig und wurzelig aus. Sie studieren hier die Wurzel-Putz-Kunst. Sie arbeiten an den Wurzeln der Bäume. Sie putzen und schaben dicke und dünne Wurzeln, damit diese das Wasser gut aufsaugen können. Dazu brauchen sie kleine Bürsten und Kessel.

- Spielideen für Wurzelzwerge: Wir suchen im Wald knorrige Wurzeln und Äste, die ein bisschen aussehen wie ein Mensch oder wie ein Zwerg. Mit dem Taschenmesser können wir etwas nachhelfen, damit die Form deutlicher herauskommt. Für diese Wurzelfiguren bauen wir Zwergenhäuser und Schlösser.
- Beim nächsten Ausflug in den Wald suchen wir uns Baumstrünke, in deren Wurzeln wir Mooshäuschen bauen können für die Zwerge. Wir sammeln Zweiglein, Blätter, Moos, Steine und Schneckenhäuser. Daraus bauen wir ein Zwergenreich. Aus Zweiglein und Blättern entstehen Hausdächer, Tische und Stühle. Das Moos verwenden wir für Teppiche, Betten und Polstermöbel. Mit den Steinen und den Schneckenhäuschen zäunen wir den Garten ein. Tannenzapfen verwandeln sich in Zwerge, Kühe oder Pferdchen. Kinder entwickeln beim stundenlangen Spiel mit Naturmaterial erstaunlich viel Fantasie.

Grüngnomen: Im Zimmer daneben lernen die Grüngnomen in der Schule, wie man die Pflanzen aus der Erde schiebt. Sie haben die Aufgabe, den Pflanzen beim Wachsen zu helfen. Sie verraten uns:»Wenn du das Gras auf den Wiesen genau beobachtest, kannst du im Frühjahr feststellen, wann die Grüngnomen arbeiten. Jedes Mal, wenn das Gras grün glänzt, ist unter der Erde Hochbetrieb, dann schieben und stoßen wir die Grashalme aus dem Boden!«

- Spielideen für Grüngnomen: Wer den Grüngnomen bei ihrer Arbeit helfen will, füllt Pflanzentöpfe mit Erde und sät Kresse, Radieschen, Feuerbohnen, Ringelblumen usw. Bis die Samen keimen, halten die Helfer die Erde schön feucht. Wenn man immer wieder hinschaut und den Atem anhält, kann man sehen, wie sie wachsen!

Spielwichtel: Das Schulzimmer der Spielwichtel sieht eher aus wie ein Spielplatz oder ein Zirkus. Die Schüler tragen bunte Harlekin-Kleider. Alle wollen etwas vorführen: einen Purzelbaum oder einen Handstand etwa. Sie spielen Verstecken, Hüpfen, Fangen usw. Der kleinste Wichtel erzählt: »Wir lernen hier alle Spiele der Zwergenwelt, damit wir kleinen Kindern und jungen Tieren Freude machen können. Manchmal necken wir sie auch nur so zum Spaß. Wir können sie sehen, sie aber uns nicht, hii, hii!«

■ Spielideen für Spielwichtel: Wer kann wie die Spielwichtel einen Purzelbaum schlagen, sich durchs Zimmer rollen, auf einem Bein hüpfen, rückwärtsgehen, in die Hände klatschen, Seilspringen und sich um die eigene Achse drehen? Wer möchte lieber Versteckspielen oder »Fangis« machen?

Kräutermännchen: Die Kräutermännchen sehen alt und weise aus. Sie eilen mit ihren kofferartigen Taschen herbei, um dann ihr Sammelgut auszulegen, das sie im Wald und auf der Wiese gefunden haben. Ihre Schätze müssen so bald wie möglich trocknen. Ihre Kostbarkeiten werden zu Tee, Salben und Medikamenten verarbeitet. Herrliche Düfte liegen in der Luft. Was es da zu bestaunen gibt: Rinden, Triebe von Tannenspitzen, Blätter von Stauden und Bäumen, Blüten, Wurzeln, Kräuter, Früchte und Samen. An den Wänden stehen in Regalen alte Bücher mit Rezepten, Flaschen, Gläser, Tassen. Das Studium der Kräutermännchen dauert am längsten. Sie pflegen mit ihren Heilmitteln Zwerge und kranke Tiere im Wald wieder gesund.

■ Spielideen für Kräutermännchen: Die Kräutermännchen sammeln Lindenblüten, Minzeteeblätter, Salbeiblätter, Goldmelisse und Kamillenblüten. Alle werden getrocknet. An kühlen Tagen gießen wir mit heißem Wasser Tee auf. Welcher schmeckt am besten?

Maschinenzwerge: Was quietscht, scheppert, klingelt, klopft und pfeift denn da aus dem hintersten Schulzimmer? Sind das komische Töne! Überall stehen Maschinen herum: Computer, Kopiergeräte, Radiowecker, Rasenmäher, Küchengeräte und noch vieles mehr. Die Maschinenzwerge flitzen und klettern wie die Wilden auf und ab. Sie schlüpfen hinein und hinaus, verschieben Teile, lockern Schrauben, lösen Elektrokontakte und verblocken Getriebe. Die Maschinenzwerge quietschen fröhlich: »Wir sind der Sand im Getriebe der Maschinen. Unsere Aufgabe ist es, ihren normalen Ablauf zu stören. Die Menschen müssen wieder lernen, den Maschinen Danke zu sagen für die Arbeit, die sie leisten, und das tun sie nur, wenn nicht alles wie am Schnürchen läuft.«

■ Spielideen für Maschinenzwerge: Wir richten den Kindern eine besondere Spielecke ein, in der sie Maschinenzwerge spielen können. Technisch interessierte Kinder lieben alte Wecker, Küchenwaagen, Schrauben, Nägel, Schraubenzieher, einen Hammer, ein Magnethufeisen und eine Lupe! Damit lässt sich wunderbar Maschinenzwerg spielen und sonderbare Töne machen, sodass es herrlich quietscht, scheppert, klingelt, klopft und pfeift.

Steinmännchen: Bei den Steinmännchen im hintersten Zimmer der Zwergenschule ist ein großes Gedränge. Die Klasse der Steinmännchen ist sehr beliebt und wird immer am besten besucht. Die kleinen Wichtel lernen hier, wie man Kristalle in die richtige Form klopft, Kieselsteine poliert und wie man verschiedene Steinarten pflanzt.

■ Spielideen für Steinmännchen: Als Steinmännchen sammeln wir hübsche Kieselsteine, waschen sie, lassen sie an der Sonne trocknen, um sie dann mit Olivenöl einzureiben. Wie die glänzen! Und weil die Steinmännchen so ordentlich und fleißig sind, werden die Steine in ein, zwei Wochen wieder gewaschen und mit Öl eingerieben! Kinder lieben wie die Zwerge Kristalle und Halbedelsteine. Wir sammeln solche und bewahren sie in einer Schatztruhe auf. Auf dunklen Samtunterlagen legen unsere Steinmännchen wunderschöne Muster.

Von Engeln und Schutzengeln

Was Erwachsene wissen sollten: Die Engel sind Vermittler zwischen Gott und den Menschen. Sie verbinden Himmel und Erde. Das Wort Engel stammt ursprünglich vom griechischen Wort »Angelos« ab, das so viel heißt wie der Bote. Engel werden in vielen alten religiösen Schriften als geflügelte Wesen dargestellt. Sie steigen vom Himmel herab, um uns die göttliche Botschaft zu verkünden. Wenn es uns gelingt, Kindern lebendig von ihrem Schutzengel zu erzählen, kann es sein, dass sie in Situationen, in denen sie sich traurig, verletzt oder verlassen fühlen, einen unsichtbaren Freund haben, den sie als Tröster erleben.

Das hebräische Wort für Engelsflügel ist »kaanaf«, das heißt nicht nur Flügel, sondern auch Ecke und Kante. Im Deutschen finden wir diese Bedeutung in den »Seiten-Flügeln« eines großen Gebäudes wieder, wie etwa eines Schlosses. Die Engel besitzen also die Fähigkeit, plötzlich und gänzlich unerwartet »um die Ecke« in unsere Welt einzutreten. Die Engel sind dem Göttlichen näher als wir Menschen, doch für die Menschen fassbarer als Gott. Die himmlischen Wesen erscheinen den Menschen manchmal im Traum. Sie können aber auch als reale Menschen aus Fleisch und Blut auftreten. Manche zeigen sich nur als Lichtwesen oder werden als innere Stimme wahrgenommen.

Wir können wieder lernen, wachsam und bereit zu sein, unserem Engel zu folgen und der inneren Stimme zu gehorchen. White Eagle, ein spiritueller Lehrer, sagt: »Versuche in der Stille, die Gegenwart der Engelwesen zu spüren, die Musik ihrer Liebe zu hören und den herrlichen Glanz ihrer Gewänder zu schauen. Möge deine Vorstellungskraft dir die Gestalt deines eigenen Schutzengels enthüllen, jenes Boten, der von Gott gesandt, dir durch alle Erdenerfahrungen hilfreich zur Seite steht. Der Schutzengel ist der Helfer der Seele, sofern die Seele dies wünscht, indem er ihr Führung und Kraft verleiht.«

Als die Menschen noch um die höheren Zusammenhänge wussten, entstand das Sprichwort: »Wenn ein Kind geboren wird, stirbt ein Engel, und wenn ein Mensch stirbt, wird ein Engel geboren«. Im Psalm 91 steht eine schöne Stelle über die Aufgaben der Engel. Da heißt es:

Gott hat seinen Engeln befohlen,
dich zu beschützen, wohin du auch gehst.
Sie werden dich auf Händen tragen,
damit du nicht über Steine stolperst.

Hier ein Beispiel von einem Mann, der als Kind kleine Engel auf seiner Bettdecke gesehen hat. Dieses Phänomen ist gar nicht so selten, denn Kinder haben einen guten Draht zur geistigen Welt. Er erzählte mir:»Als ich etwa fünf Jahre alt war, sah ich vor dem Einschlafen immer kleine Engel auf meinem Bett sitzen. Sie trugen wunderschön leuchtende Gewänder. Ich sah sie aber nur mit geschlossenen Augen, in meinem Innern. Da ich mit meinem Bruder im selben Zimmer schlief, hatte ich jeden Abend den gleichen Konflikt. Mein Bruder wollte mit mir im Dunkeln sprechen. Doch jedes Mal, wenn ich mit ihm sprach, verschwanden die Engel. So hatte ich täglich die Knacknuss zu lösen, mache ich meinen Bruder traurig oder verscheuche ich die Engel? Oft stellte ich mich schlafend, damit die Engel bei mir bleiben konnten.«

Wenn der Schutzengel spricht

Er sagt vielleicht:»Hallo, höre mir bitte einen Moment zu, ich bin dein Schutzengel. Du kannst mich nicht sehen, doch ich bin da. Ich stehe ganz nah bei dir. Du kannst mich fühlen, wenn du willst. Schließe deine Augen, dann spürst du mich deutlicher. Vielleicht fühlst du ein bisschen Wärme, ein bisschen Wohligkeit, ein bisschen Geborgenheit, dann weißt du, ich bin es! Ich passe auf dich auf. Ich beschütze dich und schaue, dass dir nichts passiert. Du kannst mich rufen bei allem, was du tust: abwaschen, aufräumen, Aufgaben machen, spielen mit den Puppen, spielen im Wald und mit den Zwergen. Alles, was du tust, interessiert mich. Meine Stimme ist ganz leise. Du kannst sie nur im Herzen hören. Wenn du auf mich acht

gibst, ersparst du dir viel Ärger. Denn ich sage manchmal Sachen zu dir wie: Renn nicht über die Straße, damit du nicht unter das Auto kommst. – Ärgere deinen Nachbarbuben nicht, sonst ist er traurig. – Zieh die Katze nicht am Schwanz, das tut ihr weh. Vergiss nicht Flöte zu spielen. Ich liebe Musik. Deine Gedanken, Fragen, Bitten und dein Dank erreichen mich sofort und ich helfe dir, wo ich nur kann!«

Wie sieht mein Schutzengel aus? Wir sprechen mit Kindern über ihren Schutzengel und lassen uns erzählen, wie sie ihn fühlen und wie sie ihn sehen. Vielleicht beschreiben sie uns seine Farben oder singen uns sein Lied. Wer hat Lust, seinen Schutzengel zu zeichnen? Der bunt bemalte Engel wird ausgeschnitten und über dem Bett aufgehängt, damit er die Träume bewachen kann.

Ein Engel aus Ton: Wir kneten einen Klumpen Ton gut durch und formen einen Engel daraus. Der Körper wird kegelförmig modelliert, oben ziehen wir den Kopf heraus und formen eine Krone. Am Rücken lassen wir Flügel wachsen. Vorne auf dem Bauch ziehen wir die Arme heraus und drücken eine Mulde hinein, damit wir später da eine Kerze einstecken können. Nun lassen wir den Ton trocknen. Dann wird der Engel bunt bemalt. Krone und Flügel streichen wir goldig. Das Engelslicht leuchtet zur Gutenachtgeschichte und hört sich unser Nachtgebet an.

Osterhase und St. Nikolaus

Was Erwachsene wissen sollten: Bei uns gibt es nur noch wenige Figuren, die allgemein bekannt sind und die die kindliche Fantasie anregen. Weil märchenhafte Figuren wie der Osterhase oder der Nikolaus bei uns so selten geworden sind, sollten wir die dazugehörigen Feste unbedingt beibehalten! Nikolaus und Osterhase gehören für ein Kind zum Jahresablauf wie Geburtstag oder Weihnachten.

Diese zwei »Märchenfiguren« Osterhase und St. Nikolaus machen Eltern und Erziehende mitunter verlegen: Was sollen sie erzählen, ohne dass der Inhalt der Kategorie »Lüge« zuzuordnen ist?

»Gibt es den Osterhasen/den Nikolaus wirklich?« Was soll man auf diese Kinderfragen antworten? Als Pädagogin kann ich nur raten, zurückzufragen und Geschichten zu erfinden: »Was meinst denn du? Weißt du, ich habe den Osterhasen noch nie gesehen, aber meine Mutter und meine Großmutter erzählten mir von ihm. Er ist ein Freund der Kinder und nur für Kinderaugen sichtbar. Sollen wir ihn einmal im Wald suchen? Vielleicht hast du ja Glück! Und falls du ihn nicht sehen wirst, darfst du ihm trotzdem helfen beim Eierfärben und Nestchen basteln.«

Je offener die Erwachsenen ihre eigenen Vermutungen formulieren, desto weniger zementieren sie die Fantasiegestalt mit Behauptungen, die das Kind im Nachhinein als

Lügen empfinden könnte – und desto mehr Raum lassen sie der kindlichen Vorstellungskraft. Sätze, die mit »Ich glaube...« oder »Ich vermute...« beginnen, ermuntern das Kind zu Gedankenspielen und signalisieren: Der Osterhase ebenso wie der Weihnachtsmann oder Nikolaus sind ein Geheimnis, das nicht einmal die Erwachsenen so genau kennen. Und Geheimnisse sind gerade für Kinder im sogenannten magischen Alter Seelennahrung, die Fantasie und Kräfte freisetzt. Das Kind erhält die Chance, ein eigenes Bild vom Osterhasen zu entwickeln, es aktiviert seine Fantasie und erlebt, dass es Fragen ohne endgültige Antwort gibt.

Die Welt der Märchen

Kinder entwickeln dabei: Fantasie, Mut, Selbstbewusstsein und innere Bilder. Märchen sind ein wichtiger Beitrag zur Psychohygiene, sie wirken heilsam und vermitteln Lebensweisheiten: Erkennen von Gut und Böse, das Wissen um die Überwindung von Gefahren, die Einsicht, dass man auch als Kleiner, nicht Beachteter, zum Ziel kommt. Märchen führen Kinder in die Anfänge der Literatur ein und erweitern ihr Verständnis für die Sprache. Sie transportieren Botschaften wie: »Du darfst Angst haben, Fehler machen, dir helfen lassen!« – »Das Böse wird besiegt« – »Am Ende wird alles gut!«

Märchen öffnen ein Tor in das Land der Träume, der Fantasie und der Wunder. Das Verständnis für Gut und Böse wird geschärft und das Bewusstsein für gelebte Werte. Märchen zeigen: Es lohnt sich, anderen zu helfen und sich für das Gute einzusetzen. Märchen sind erfundene Geschichten, aber keineswegs nur Kindersache! Kinder ab vier Jahren und Erwachsene bis ins hohe Alter lieben ihre lebensbejahende, heilsame Kraft.

Märchen hinterlassen Spuren im Denken, in der Sprache und in der Seele. Sie prägen das Wertebewusstsein bis

ins Erwachsenenalter hinein. Kinder, die mit Märchen und
Geschichten aufwachsen, entwickeln innere Bilder, Fantasie
und erweitern ihr Sprachbewusstsein.

Seelennahrung für Groß und Klein

Erwachsene, die als Kind ohne Märchen aufgewachsen sind,
finden heute in Seminaren einen persönlichen Zugang zu
den Urkräften der Märchengestalten wie Zwerg und Riese,
König, Königin, Heldin oder Held, Hexe, Zauberer, Dumm-
ling oder der weisen Frau und der Heilerin. Sie entdecken
dabei, wie heilend Märchen wirken auf Psyche und Gemüt.
Die alten Texte offenbaren urmenschliche, elementare Le-
benserfahrungen und Erkenntnisse. Sie sind zeitlos und
universal.

Kinder haben gefühlsmäßig einen direkten Zugang zu
diesen Weisheiten. In ihrem Blick liegt manchmal die lautlo-
se Bitte:»Gebt uns unsere Geheimnisse zurück.« Ein Geheimnis ist etwas Verborgenes, das man suchen muss. Und
hat man es gefunden, bewahrt man es sorgfältig. Man hütet
es wie einen Schatz. Lasst uns gemeinsam mit unseren Kindern im Spiel, im Reich der Fantasie und im Brunnen der
Märchen Verborgenes finden.

Lasst uns unseren Kleinen zuliebe Verschwörer des Zauberhaften sein! Den Regenbogen können wir nur staunend
betrachten. Er lässt sich nicht mit den Händen fassen. Wenn
wir nach ihm greifen, weicht er zurück. Doch er schlägt mit
seinen wundervollen Farben die Brücke vom Himmel zur
Erde. Er verbindet das Fassbare mit dem Unfassbaren.

Märchenhafte Lebenshilfe

Märchen geben Mut und Hoffnung, weil meist der Kleine, Unterdrückte und Schwache am Schluss siegt. Sie vermitteln ein kindgerechtes Wertebild. Gut und Böse sind klar definiert. Der Held oder die Heldin müssen gefährliche Situationen meistern. Aber sie finden im Märchen immer die Kraft, große Herausforderungen und Probleme zu lösen. Kinder identifizieren sich mit »ihren Helden«, die Einfühlungsvermögen, Klugheit und Mut vorleben. Die Kinder schlüpfen in diese Rollen und übernehmen dabei spielerisch die Gefühle und Argumente »ihrer« Märchenfigur.

In Volksmärchen sind weises Wissen und allgemeingültige Werte verborgen. Märchen erzählen ihre Geschichten in Symbolsprache und archaischen Bilden. Sie laufen wie ein goldener Faden durch alle Kulturen und Zeiten. Diese Geschichten sind sehr alt und wurden über Generationen hinweg mündlich überliefert. Sie haben keinen eindeutig feststellbaren »Erfinder«.

Zum Glück haben unter anderem Jakob und Willhelm Grimm im 19. Jahrhundert Märchen gesammelt und aufgeschrieben, bevor sie in Vergessenheit geraten sind. Ihre Sammlung »Kinder- und Hausmärchen« wurde weltberühmt. Sie erfreut bis heute Kinder und Erwachsene. Ihre geheimnisvollen Geschichten berühren die Seele und lassen die Herzen höher schlagen.

Warum brauchen Kinder Märchen?

Volksmärchen galten lange Zeit als grausam, überholt und moralisch. Doch in der Zwischenzeit sind die Märchen wieder zurückgekehrt in die Familien, Kindergärten und Grundschulen. Sie werden geliebt und ihr pädagogischer Wert ist privat und in Fachkreisen unbestritten.

In der Begegnung mit Märchen und Geschichten findet das Kind eigene Standpunkte sowie Wertschätzung und Offenheit anderen gegenüber. Es lernt konzentriert zuhören, sich dem Erzähler aufmerksam zuwenden und kommt dabei innerlich und äußerlich zur Ruhe. Es entstehen innere Bilder. Kinder erleben Märchen mit allen Sinnen.

Im Rollenspiel können sie das Verhalten der Märchenfiguren bewusst erleben und Stimmungszustände wie Freude, Trauer, Ärger oder Wut ausdrücken. Sie erfahren, dass Schwächen und Fehler, aber auch eine Kultur des Verzeihens und der Umkehr zum Leben dazugehören. Märchen machen Kinder mutig und stark.

Das Märchen entwickelt sich in einer Art und Weise, die der Art, wie das Kind denkt und die Welt erlebt, nicht widerspricht; deshalb ist das Märchen für das Kind so überzeugend. Aus den Märchen schöpft es viel größere Zuversicht als aus einem Tröstungsversuch auf Grundlage der Argumente und Gesichtspunkte der Erwachsenen. Das

Kind traut dem, was das Märchen erzählt, weil dessen Weltsicht mit der seinen übereinstimmt. Darum ist es nötig, dass wir dem Kind Märchen erzählen. Es braucht Märchengestalten, damit es sieht, dass es nicht alleine dasteht mit seiner Weltanschauung.

Kinder wundern sich nicht im Geringsten, wenn der Wind im Märchen sprechen kann und er den Helden an seinen Bestimmungsort trägt. Im Märchen ist es an der Tagesordnung, dass Tiere die Sprache der Menschen sprechen, Helden und Heldinnen auf ihrer Reise begleiten und helfen in der Not. Hexen und Zauberer verwandeln Tiere in Menschen und Menschen in Tiere. Das Kind ist auch nicht erstaunt, wenn sich im Märchen ein Mensch in einen Stein verwandelt oder ein Stein als Mensch lebendig wird.

Alle Märchenfiguren sind Aspekte unserer selbst. Der König hat im Märchen keine gesellschaftlichen Funktionen, sondern ist das Urbild einer weisen, selbstständigen Persönlichkeit. In jedem von uns lebt ein König, aber auch dunkle Gestalten wie Hexen, Drachen, böse Riesen und Zauberer. Sie verkörpern die Schattenseiten von uns. Märchen helfen, diese Gestalten in uns bewusst zu machen und mit ihnen umzugehen.

Weil Kinder Verwandlungen lieben, kommen ihnen die ständigen Wandlungen in den Märchen sehr gelegen. Der Schweinehirt wird zum König, Aschenputtel zur Prinzessin und der Frosch zum Prinzen. Für das Empfinden eines Kindes ist es normal, dass ein Mensch verschiedene Gesichter haben kann. Diese unterschiedlichen Wesenszüge ordnet es im Spiel verschiedenen Gestalten zu. Da Mütter nicht immer lieb sind, können sie sich auch in Hexen oder Stiefmütter verwandeln.

Wissenswertes für die Erzählpraxis

Märchenerzähler kommen ursprünglich aus dem Orient. Heute wächst das Bedürfnis nach Märchenerzählerinnen und -erzählern auch bei uns. Wer Lust hat, kann sich sogar zum Märchenerzähler ausbilden lassen. Und jeder Märchenerzähler bestätigt: Märchen frei und lebendig erzählt wirken viel stärker als »trocken« vorgelesene Texte!

Märchen waren ursprünglich Unterhaltung und Lebenshilfe für Erwachsene. Darum eignen sich nicht alle Märchen für jüngere Kinder. Wir wählen nur Märchen aus, die altersgemäß zu den Kleinen passen und ihrem Entwicklungsstand entsprechen. Wir erzählen nur Geschichten, die wir selber gerne mögen, die uns mit ihren Werten und Motiven ansprechen und die wir von Herzen, freudig und mit Überzeugung weitergeben können!

So werden Märchen lebendiger

Damit Märchen und Geschichten für Kinder lebendig erlebbar werden, sollten sie einen Bezug zu ihrem alltäglichen Leben und ihren Fragen haben. Dadurch werden Kinder berührt und verstehen den Inhalt und die symbolische Aussage besser. Es ist hilfreich, wenn Erwachsene Kindern vorweg zum ausgewählten Märchen passende Anregungen geben. Das können Spielsituation, Tätigkeiten oder Materialien sein. Kinder verstehen und begreifen einzelne Figuren und Tätigkeiten im Märchen besser, wenn sie diese schon vorher im Spiel erleben können. Die Kinder gehen auf Schatzsuche, nähen pantomimisch Kleider, poltern wie die Riesen, bauen Schlösser oder Zwergenhöhlen.

Kinder erleben später beim Zuhören mit großer Freude den Effekt des Wiedererkennens. Denn sie haben ja vorher

Tätigkeiten und Figuren mit allen Sinnen im Spiel erlebt. »Der polternde Riese« beispielsweise ist jetzt nicht nur eine leere Worthülse, sondern eine lebendig gefühlte Figur.

»Spieglein, Spieglein an der Wand«

Kinder wollen, dass wir ihnen die Märchen immer wieder im gleichen Wortlaut erzählen. Weichen wir ab, korrigieren sie uns. Kinder brauchen die Wiederholung, denn das schon Bekannte gibt Sicherheit. Sie warten gespannt auf jeden Schlüsselsatz wie etwa: »Spieglein, Spieglein an der Wand, wer ist die Schönste im ganzen Land?« oder »Ach wie gut, dass niemand weiß, dass ich Rumpelstilzchen heiß«. Diese Sätze prägen sich ein. Kinder lernen sie schnell auswendig.

Märchen immer von Anfang bis Ende erzählen

Märchen dürfen nicht zu lange unterbrochen werden, weil die Spannung für die Kinder sonst zu groß wird. Im Märchen leben »Gut« und »Böse« gleichzeitig nebeneinander und schaffen so Konfliktsituationen. Am Ende der Geschichte lösen sich die Probleme, Gefahren und Nöte auf und wenden sich zum Guten. Um die Spannung der Geschichte bis zu ihrer Auflösung zu ertragen, brauchen die kleinen Zuhörer für ihre Märchenstunde ein Klima der Geborgenheit und die Gewissheit, dass am Ende alles gut wird.

Kinder geraten beim Zuhören in den Zauberbann der Märchenwelt. Märchen stehen im wunderbaren Gegensatz zur Schnelllebigkeit unserer heutigen Zeit. Sie scheinen unsere Zeit zu bannen, für einen Moment steht sie still. Nur das Märchen zählt.

Das »Grausame« und »Böse« im Märchen

Kinder sehen die Welt noch scherenschnittartig: »Schwarz und Weiß« – »Gut und Böse«. Für sie ist die Welt nur in Ordnung, wenn das Gute siegt und das Böse bestraft wird. Die Märchen der Brüder Grimm zum Beispiel entsprechen eindeutig diesem Seelenbedürfnis der Kinder, sonst hätten sie sich kaum seit zweihundert Jahren dieser Beliebtheit erfreut!

Die Strafe für »das Böse« im Volksmärchen ist hart, doch aus Kindersicht »gerecht«. Beruhigend wirkt für sie, dass Märchen meist gut ausgehen und einen starken Lebensoptimismus vermitteln. Zudem gibt es selten ausweglose Situationen. »Selbst wenn Rotkäppchen vom Wolf gefressen wird, kommt es aus dieser misslichen Lage wieder heraus.«

Das »Gute« an der Gewalt im Märchen ist, die »Feinde« fallen einfach »tot« um. Die Gewalt wird im Volksmärchen nicht ausgeschmückt, sondern nur knapp und sachlich geschildert. Auf Kinder wirkt es befreiend, wenn das Unglück, die Gefahr und das Böse gebannt und beseitigt sind. Erst dann können Kinder aufatmen und sich freuen. Sie tanzen zum Beispiel am Schluss des Märchens »Die sieben Geißlein« um den Brunnen und singen »Der Wolf ist tot!« und die Welt ist für sie wieder in Ordnung!

Gegensätze fördern das Verstehen

Kinder können sich Werte und Figuren im Märchen besser merken, wenn sie diese als Gegensatzpaare erleben wie etwa: gut und böse – klug und dumm – frech und freundlich – faul und fleißig.

Im Spiel hupfen Kinder von Rolle zu Rolle. Durch diesen Rollentausch lernen sie die Qualität einzelner Gegensätze verstehen. Es ist für die kleinen Darsteller nicht angenehm, als Schaf immer vom Wolf gefressen zu werden. Manchmal möchten sie selber zubeißen und als Wolf die Zähne zeigen ... Immer nur Schneewittchen spielen kann langweilig werden, ab und zu möchten sie auch einen giftigen Apfel verschenken ...

Im Rollenspiel, in Gesprächen oder beim Zeichnen können Kinder diese unterschiedlichen Werte und Gefühlslagen der Märchengestalten altersgemäß erleben, darstellen und ausdrücken. Die Botschaft der Märchen ist eindeutig: Es gibt Probleme und Konflikte, aber man kann sie überwinden – auch wenn man sich jetzt noch schwach und klein fühlt!

Reaktionen der Zuhörer beobachten

Wenn Kinder die Wiederholung bestimmter Märchen immer wieder verlangen und ihre Augen beim konzentrierten Zuhören leuchten, dann ist das ein sicheres Zeichen dafür, dass die Geschichte bei ihnen angekommen ist. Das Märchenmotiv passt zu ihrer momentanen Gefühlslage und ihrem Alter. Sie fühlen sich zutiefst angesprochen. Beobachten wir während des Erzählens unauffällig das Verhalten der Kinder und ihre Reaktionen:

- Hören sie fasziniert zu?
- Sind sie vom Inhalt betroffen?
- Entsteht Nähe und Vertrauen?
- Verstehen sie den Handlungsablauf?
- Passt das Märchenmotiv zum Alter und der Gefühlslage der Kinder?
- Zeigen sie Angst, Abwehr oder Unbehagen?

Dann sind die Kinder vielleicht zu klein, ist es das falsche Märchen, spricht sie im Moment dieses Märchenmotiv nicht an, ist die Geschichte zu lang, die Stimmung ungemütlich oder wir erzählen einfach nicht interessant genug.

Kein Grund sich aufzuregen, auch Erwachsene lieben nicht alle gleichzeitig die gleiche Geschichte. Vertrauen wir darauf, beim nächsten Mal wird es klappen. Wenn wir das »richtige« Märchen erzählen, holt es die Kinder genau dort ab, wo sie stehen! Ein ängstliches Kind braucht ein Märchen, in dem der Held alle Gefahren besteht. Ein Kind, das Tiere liebt, freut sich über die »Bremer Stadtmusikanten«, ein Kind, das fürs Leben gern isst, staunt über die Geschichte »Der süße Brei« usw.

Spielimpulse

Hier ein paar Ideen, wie wir die Zeit für Märchen und Geschichten unterstützen können, damit eine märchenhafte Stimmung aufkommt, gemütliche Ruhe eintritt, kuschelige Nähe entsteht und der besondere Zauber der Märchenwelt leuchten kann.

■ Im geschlossenen Wohnraum steigen die Kinder durch einen »vergoldeten« Gymnastikreifen ganz leise und erwartungsvoll ins Land der Märchen ein und kehren am Schluss durch den »Zauberring« aus der Märchenwelt wieder zurück in den Alltag. Kinder, die dieses Ritual gewöhnt sind, fragen ganz entsetzt, wenn der goldene Märchenreif am Ende vergessen wird: »Wie kommen wir jetzt wieder nach Hause?«

■ Vielleicht finden Kinder im Wald zwischen zwei Steinen, Sträuchern oder Bäumen »ihr« Märchentor, durch das sie flüsternd ins Märchenland schlüpfen. Erstaunlicherweise klingen Märchen im Wald noch intensiver als zu Hause. Beim Austritt schließt sich das Märchentor ganz sachte wieder. Die Kinder freuen sich schon jetzt auf das nächste Mal!

■ Mit einem großen, alten Schlüssel schließen wir das imaginäre Tor zum Märchenschloss auf. Wir drehen den Schlüssel in der Luft und wupps, springt das Schlosstor auf und wir treten ein ins Märchenreich ...

■ In eine märchenhaft geschmückte Schachtel legen wir ein, zwei kleine Gegenstände, die das zu erzählende Märchen symbolisieren: Vor Beginn öffnen wir die Schatztruhe und zeigen den Kindern die geheimnisvollen Gegenstände: beim Froschkönig vielleicht eine goldene Kugel, bei Schneewittchen einen Apfel oder einen Spiegel ...

■ Zu Beginn der Märchenstunde zünden wir eine Kerze an. Besonders schön sind wohlriechende Bienenwachskerzen. Wir stellen sie auf einen Spiegel und legen passend zum Märchen und zur Jahreszeit farbige Steine, Kristalle, Tannenzapfen, Schneckenhäuser, zarte Tücher, Blumen, Zwerge oder Goldglimmer dazu.

■ Wir setzen uns zum Erzählen mit den Kindern auf einen Geschichtenteppich. Das kann ein spezielles

Tuch sein oder eine farbige Patchworkdecke. Wenn nötig, nähen wir für die Geschichtenzeit einen besonderen Teppich, um gemeinsam ins Märchenland zu fliegen …

■ Mit etwas Fantasie, Kissen und Tüchern lässt sich jedes Sofa und jeder Polstersessel zu einer Kuschelecke verwandeln. Kinder sind Genießer, wohlig eingekuschelt in ein großes Kissen, bedeckt mit einem farbigen Tuch, lassen sich Märchen noch besser genießen.

Kinder und religiöse Geschichten

Kinder entwickeln dabei: Verständnis für die Bilder- und Symbolsprache religiöser Geschichten, Werte wie Liebe, Wahrheit, rechtes Handeln, verzeihen können, Frieden, Anteilnahme, Empathie und Gewaltlosigkeit. Gebete, Meditationen, Lieder und kleine Stille-Übungen lassen Kinder innerlich zur Ruhe zu kommen. Bilderbücher mit biblischen Themen und kindgerecht erzählte Legenden von Heiligen schenken ihnen Trost, Geborgenheit, Mut und Vertrauen im Alltag.

Kinder brauchen nicht nur Märchen, sie brauchen auch die Bilder- und die Symbolsprache religiöser Geschichten. In unseren Breitengraden sollten Kinder verschiedene Geschichten aus dem Alten und dem Neuen Testament kennen. Erzählen wir ihnen doch die Schöpfungsgeschichte, warum Noah eine Arche baute und Gott ihm den Regenbogen schenkte. Die Geschichte von Joseph und seinen Brüdern beeindruckt Kinder immer wieder. Ohne das Wissen der Weihnachtsgeschichte aufzuwachsen, ist für Kleine eine große Verarmung. Da Kinder an Wunder glauben, eignen sich für sie viele Heiler- und Wundergeschichten von Christus. Sie hören gespannt zu, wie er den Sturm auf dem See Genezareth stoppte, wie er Blinde und Lahme heilte und sogar Tote wieder zum Leben erweckte. Auch die Speisung der Fünftausend mit ein paar Fischen und Broten macht ihnen Eindruck. Viele Gleichnisse haben wunderschöne, kindgerechte Bilder. Denken wir nur an den vergrabenen Schatz im Acker oder an den Sämann, dessen Saat auf Steine, Sand, Disteln und guten Humus fällt.

Kinderbibeln und Bilderbücher

Es gibt heute viele gut illustrierte Kinderbibeln, Bilderbücher mit biblischen Themen und kindgerecht erzählte Legenden von Heiligen. Kinder lieben es auch, wenn wir ihnen von Engeln und Schutzengeln erzählen. Diese Geschichten können den Kindern helfen, die leise innere Stimme in sich wahrzunehmen. Mauern wir ihnen das Tor zur geistigen Welt nicht zu, nur aus Unachtsamkeit.

Beten, Meditieren und kleine Stille-Übungen können wunderbare Geschenke sein, die wir unseren Kindern als Juwelen mitgeben auf ihren Lebensweg. Alle großen spirituellen Traditionen der Welt bestätigen die Bedeutung des Gebetes und der Meditation.

Sprechen mit Gott

Mit den Grundlagen zum Beten und Meditieren können Kinder schon vor dem Schulalter vertraut werden. Für Kleine sind drei bis fünf Minuten Konzentration und Ruhigsein gerade richtig. Vom Rhythmus des kindlichen Tagesablaufs her gesehen sind besinnliche Minuten am Morgen, vor dem Essen und vor dem Schlafengehen wichtig. Kinder lieben kleine Gebete und Lieder. Sie spenden ihnen Trost und Geborgenheit. Kinder sprechen voll Vertrauen spontan mit Gott und erzählen ihm ihre Freuden und Nöte.

Lehren wir sie auch zu danken für alles Gute, das wir am Tag erlebt haben. Dabei bitte daran denken: Dankbarkeit ist ein Gefühl, das sich zwar einladen, aber nicht einfordern lässt.

Rituale im Kinderalltag

Kinder entwickeln dabei: Sinn für Strukturierungs- und Orientierungshilfen im Alltag. Sie erfahren Sicherheit und Halt durch Wiederholung, soziales Miteinander, Verlässlichkeit. Rituale sind konkrete Hilfen für den Tages-, Wochen- und Jahresablauf.

Regelmäßig wiederkehrende Rituale strukturieren den Alltag, die Wochentage und besondere Feste im Jahreslauf. Da wir in einer unruhigen, reizüberfluteten Zeit leben, schätzen Kinder diese kleinen Fixpunkte. Rituale regeln das soziale Miteinander, stärken die Verlässlichkeit, geben Halt, erleichtern den Tagesablauf und sind wiedererkennbare, festliche Höhepunkte im Jahr.

Rituale regeln das soziale Miteinander

Rituale können sozial gestaltete Aktionen zu alltäglichen Anlässen sein wie etwa Tagesbeginn, Gutenacht-Ritual, Essen, Körperpflege, Aufräumen, Begrüßen, Abschiednehmen, Gewinnen und Verlieren, Streiten und Sichversöhnen, Schulaufgaben machen, Haustiere und Pflanzen pflegen usw. Kleine, immer wiederkehrende Rituale erleichtern den

Tagesablauf zu Hause, im Kindergarten und im Unterricht. Im Jahreslauf regeln sie besondere Feste wie etwa Geburtstage, St. Nikolaus, Ostern, Weihnachten usw.

Der Sinn guter Rituale sind Strukturierungs- und Orientierungshilfen im Alltag. Kinder lieben Wiederholungen. Ihre Welt ist das Spiel und beim Spiel sind Wiederholungen und Spielregeln etwas ganz Natürliches. Deshalb muss ein Märchen immer im gleichen Wortlaut erzählt werden, wollen sie einen geliebten Fingervers immer und immer wieder hören, singen sie ein Lied x-mal, falten sie ganze Berge von Schiffchen, hüpfen stundenlang Gummitwist, bauen Türme und zerstören sie, um sie gleich wieder aufzubauen. Sie können nicht einschlafen, wenn das Gutenachtritual fehlt oder die geliebte Puppe unauffindbar ist.

Weder stur noch veraltet

Gute, kindgerechte Rituale sind weder stur noch veraltet. Eltern und Kinder erleben sie mit viel Lebendigkeit, Liebe, Humor und gegenseitiger Achtung. Sie transportieren Werte wie Familiensinn, Zusammengehörigkeitsgefühl, Vertrauen, Wahrheit, Liebe, Frieden, Gewaltlosigkeit. Sie geben Kindern Schutz und Sicherheit. Was man »kann« oder »wiedererkennt«, was sich wiederholen lässt, macht stark, sicher und »groß«! Rituale entsprechen, mit ihrem immer wiederkehrenden Erkennungsmerkmal dem natürlichen Ordnungsbedürfnis der Kinder. Sie fördern ihre Selbstständigkeit. Rituale geben den Kindern Verlässlichkeit und Halt, sie beruhigen, lassen die Welt überschaubar werden und sind ein wunderbares Gegengewicht zur heutigen schnelllebigen Zeit. Selbstverständlich passen sich Rituale dem Alter und dem jeweiligen Entwicklungsstand der Kinder an. Ein Geburtstagsfest für Zweijährige muss anders verlaufen als eines für Schulanfänger.

Was bewirkt die Wertehaltung der Eltern?

Kinder lernen durch Nachahmen und Wiederholen. Das Vorbild Erwachsener hat einen größeren Einfluss auf Kinder, als uns meist bewusst ist. Die Schriftstellerin Pearl S. Buck meinte: »Wenn Sie Ihren Kindern unbedingt etwas geben wollen, dann geben Sie ihnen ein gutes Beispiel.« Der Ratschlag klingt banal, aber genau hier liegt die Krux. Wir können Kindern nur Werte und Rituale vermitteln, wenn wir bereit sind, uns selber damit auseinanderzusetzen, sie selbstverständlich vorzuleben und genau hinzuschauen. Erich Kästner spottete: »Was nützt die beste Erziehung? Kinder machen uns ja doch alles nach!« Kinder haben ein feines Gespür für Wahrhaftigkeit und registrieren, ob wir etwas aufrichtig meinen oder ihnen was vormachen. Sie merken, ob wir authentisch sind. Darum ist es so wichtig, dass Erziehende sich auf klare Werte, Regeln und Rituale einigen und diese dann gemeinsam mit Liebe, Ruhe und Bestimmtheit selber einhalten und bei den Kindern konsequent einfordern.

Rituale im Familienalltag

Laut Erkenntnissen der Hirnforschung ist das Grundprinzip des Wertebewusstseins schon mit drei Jahren entwickelt. Kinder sollten in diesem Alter wissen, es gibt »Ja« und »Nein«. Es gibt manches, das darf man, und es gibt manches, das darf man nicht. Wer das nicht begreift, hat Defizite im sozialen Verhalten.

Regeln und Rituale helfen, Werte besser zu verstehen und einzuhalten. Darum brauchen Kinder im normalen Alltag immer wieder Rituale, in denen Werte und Regeln ganz selbstverständlich praktiziert werden. Mit Regeln können sie sich täglich spielerisch auseinandersetzen, ihre Kräfte messen und sich an vorgegebenen Grenzen ihre »Hörner« abstoßen. »Spielregeln« sind für Kinder etwas Natürliches. Kinder, die in einem sozialen Umfeld mit überschaubaren Grenzen aufwachsen, haben erwiesenermaßen weniger Angst. Sie entwickeln mehr Vertrauen in sich und ihre Umwelt und werden durch die täglichen Auseinandersetzungen auf eine gute Weise konfliktfähig. Das funktioniert aber nur, wenn Eltern und Erziehende sich dieser Herausforderung gemeinsam stellen. Zeigen wir den Kindern, dass wir sie achten und lieben. Und vergessen wir nicht: Humor im Erziehungsalltag kann Wunder bewirken. Hier ein paar Anregungen für Rituale im Alltag:

Begrüßungsritual: Beim Begrüßungsritual schaut man sich gegenseitig in die Augen und nennt den Namen. Wer möchte, kann auch die Hand geben. All dies stärkt das Gefühl des Angenommenseins und der Achtung voreinander.

Morgenlied: Wenn wir den Morgen täglich mit einem Lied begrüßen, heißt das für die Kinder, sich rhythmisch und klanglich »einzustimmen« auf den Tag und die Familie. Keine Angst vor altmodischen Liedern, Altbewährtes ist für jedes Kind beim ersten Mal »neu«! Daneben singen wir heutige Ohrwürmer, Kinder lieben sie heiß und innig.

Geschichtentag: Mindestens einmal in der Woche ein Bilderbuch, ein Märchen oder eine biblische Geschichte erzählen oder vorlesen, zur gleichen Zeit, am selben Ort. Wir geben Kindern damit die Möglichkeit, konzentriert zuzuhören, innere Bilder und Symbolverstandnis zu entwickeln. Geschichten regen zu philosophischen Gesprächen an und fördern das Wertebewusstsein.

Wochenplan: Nutzen wir Rituale auch zum Planen der Woche, Verteilen von Aufgaben, das Erstellen von Stundenplänen. Kleine, immer wiederkehrende Arbeiten für die Familiengemeinschaft fördern die gegenseitige Wertschätzung und das Verantwortungsbewusstsein jedes Einzelnen.

Stille-Übung: Kinder, die Erfahrungen mit Stille-Übungen haben, sind ruhiger, konzentrierter, haben mehr Ausdauer und können besser zuhören. Bauen wir darum täglich kleine Momente der Stille ein. Schon drei bis fünf Minuten Stillezeit haben einen positiven Einfluss. Geben wir Kindern Zeit zum Entspannen: mit Fantasiereisen, ruhigem Atmen, ein Kerzenlicht anschauen, Mandala malen oder Musik hören. Gut bewährt haben sich auch kleine Ruhepausen auf dem Bett nach dem Mittagessen. Oder ein Gebet vor dem Einschlafen.

»An dir gefällt mir«: Lob bewirkt mehr als Schimpfen und Strafen. Leider vergessen wir das oft. Warum nicht ein tägliches Ritual daraus machen und einmal am Tag jedem Familienmitglied, wenn's passt, ein paar Worte der Wertschätzung sagen. Das können ganz kleine Sachen sein wie: »Du hat aber den Tisch schön gedeckt, danke! – Du riechst gut nach dem Duschen! – Ich bin froh, dass wir dich in unserer Familie haben, denn dein Lachen klingt so fröhlich!« Kinder blühen durch Wertschätzung auf.

Unschönes in den Papierkorb werfen: Dieses Ritual ist eine wundervolle Übung, Konflikte gewaltlos zu lösen. In der Mitte steht ein Papierkorb. Die Kinder werfen verbal alles

hinein, was sie heute im Umgang miteinander gestört hat:
Etwa »Schlagen«, »Schreien«, »Kinder ausschließen«. Der
gefüllte Korb wird ans offene Fenster gehalten, und alles
»Unschöne« fliegt davon.

Wie verschafft man sich Luft bei Ärger? Ein paar bewährte
Tipps für Rituale, die Erwachsene und Kinder sofort in die
Tat umsetzen können:

- Dreimal tief durchatmen und beim Ausatmen die Wut
  wegblasen.
- Innerlich auf drei zählen, bevor man eine Antwort gibt.
- Ein Glas Wasser trinken.
- Für einen Moment aus dem Zimmer gehen, das schafft
  räumliche Distanz.
- Sich ein paar Minuten auf den Boden legen und ent-
  spannen.
- Die Wut auf ein Blatt zeichnen, zerreißen und wegwer-
  fen.
- Einen Hefeteig kneten und daraus einen Zopf flechten.
- Nägel in ein Brett einschlagen.
- Musik hören, tanzen, laut trommeln.

Mit Kindern spielerisch Werte entdecken

Kinder entwickeln dabei: innere Maßstäbe für »richtiges« und »falsches Verhalten«, eine Richtschnur für eigene Entscheidungen, seelische Stabilität, soziale Kompetenz. Wertehaltungen entstehen und wachsen ein Leben lang, sie verändern sich auch immer wieder.

Wissenschaftlich lässt sich belegen, dass Kinder schon mit gewissen moralischen Prinzipien auf die Welt kommen, ein Sinn für Ehrlichkeit, Kooperation und Gerechtigkeit scheint dem Menschen eingeimpft. Danach ist ein wertorientiertes Umfeld bestimmend, also der Kontakt mit Menschen, die in Einklang mit ihren inneren Werten denken, handeln und leben. Wichtig ist, dass wir verstehen: Kinder lernen Werte nicht durch Reden, sondern durch Tun. Ebenso wichtig: Werteerziehung muss altersgerecht erfolgen. Dass ein Zweijähriger noch nicht teilen kann, ist genauso normal wie die lange Zeitspanne, in der Lügen und die Wahrheit sagen noch nicht trennscharf unterschieden werden können.

In den letzten Jahren wurde ich privat, an Kursen und Tagungen immer wieder angesprochen auf das Thema Werteerziehung in der Familie und im Kindergarten. Was läuft falsch? Was könnte man anders machen?

Ich habe mit Müttern, Vätern, Großeltern, Erzieherinnen, Lehrern, Kinderpsychologen, Bildungsfachleuten, Familienpolitikern und Kindern darüber diskutiert, was wirklich zählt im Leben und wie man der heutigen sozialen Kälte und der gesellschaftlichen Verarmung etwas entgegensetzen kann.

Wir alle sollten uns der Frage stellen: Welche Werte sind für uns ganz persönlich wirklich entscheidend? Was sagen, tun oder fordern wir von den Kindern vielleicht automatisch, weil »man« das so macht? Was wollen wir wirklich vorleben und weitergeben? Denn unser Vorbild wirkt, ob wir das wollen oder nicht. (Wer sich noch intensiver mit diesem Thema befassen möchte, findet viele Anregungen und Hintergrundmaterial in meinem Buch: *Was im Leben wirklich zählt – Mit Kindern Werte entdecken*.)

Die goldene Regel

Es gibt ein Prinzip, die Goldene Regel, die seit Jahrtausenden in vielen religiösen und ethischen Traditionen der Menschheit zu finden ist und sich bewährt hat. Wir sollten sie wieder in die Tat umsetzen: Was du nicht willst, das man dir tut, das füg auch keinem anderen zu.

Dies sollte die unverrückbare, unbedingte Norm für alle Lebensbereiche sein, für die Familie und die Gemeinschaften, für alle Nationen und alle Religionen. Schon kleine Kinder können die goldene Regel verstehen. Denn welches Kind will schon angespuckt, ausgelacht oder ausgestoßen werden? Das Kinderspiel mit all seinen Regeln, Grenzen, Variationen, Emotionen und Bewegungen ist ein wunderbares

Instrument, Werte einfach nebenbei und spontan im Alltag zu entdecken!

Mit Hilfe von Spielen, Versen, Liedern, Geschichten und Märchen können Kinder Werte konkret erfahren. Durch Spiel- und Gesprächsanregungen lernen Kinder, sich den alltagsnahen Problemen und Freuden zu stellen und lösungsorientiert zu handeln.

Die »Gebrauchsanweisung« des chinesischen Philosophen Konfuzius ist bis heute aktuell geblieben:

Erzähle es mir
und ich werde es vergessen.
Zeige es mir
und ich werde mich erinnern.
Lass es mich tun
und ich werde es behalten.

Kinder lernen im Spiel:

- Spielregeln einhalten
- mit Anstand gewinnen und verlieren
- gemeinsam Probleme lösen
- in verschiedene Rollen schlüpfen
- führen und geführt werden
- Geduld und Ausdauer
- Frustrationstoleranz
- wiederholen und üben
- Varianten erfinden
- mit Regeln kämpfen und raufen
- Teamgeist

Die fünf großen menschlichen Werte

Ich stelle mir die fünf großen menschlichen Werte wie einen Baum mit fünf großen Ästen vor: Wahrheit, Rechtes Handeln, Frieden, Liebe und Gewaltlosigkeit.

Diese fünf menschlichen Werte sind ethische Bedürfnisse, die für jeden Menschen, ob groß oder klein, wichtig sind! Sie bilden eine gute Basis für unser Zusammenleben. Die Werte gelten auch im außerfamiliären Bereich. Die Wurzeln dieser fünf Grundwerte sind universal, je nach Land, Sprache, Tradition und Religion sind sie etwas anders eingefärbt. Den Stamm bilden symbolisch gesehen alle Menschen, die über Generationen diese Werte weitergegeben haben.

Die fünf Äste des Wertebaumes stehen für die fünf Grundwerte. Ihre Blätter sind Teilaspekte dazu. Je öfter ich mich – bildlich gesprochen – unter den Wertebaum setze und in seinem Schatten Schutz suche, desto mehr Kraft spendet er mir. Ich kann hier zur Ruhe kommen, in mich hineinhören und versuchen herauszufinden, wer ich bin, woher ich komme und was ich will. Unter dem Wertebaum kann ich mich auch mit der Familie und Freunden treffen, Geschichten erzählen, Musik machen, singen, tanzen, spielen und gemeinsam essen.

Wahrheit: Jeder Mensch hat ein Recht auf Wahrheit und Wahrhaftigkeit. Alle großen alten, religiösen und ethischen Traditionen der Menschheit haben sich die Wahrheit aufs Banner geschrieben. Doch Lügen, Täuschen, Fälschen und Manipulieren sind wohl ebenso alt wie die Menschheit. Damit eine gerechtere Welt entsteht, müssen wir wieder lernen, wahrhaftig zu sein. Und das fängt wie alles bei uns selber und in der Familie an. Die Wahrheit zeigt sich uns in vielen Formen. Wir können versuchen, sie in kleinen Schritten in unserem Alltag zu verwirklichen: ein großes Übungsfeld. Im Spielen üben Kinder, mit diesem Thema umzugehen. »Hast du geschummelt?« Was passiert, wenn sich nicht alle an die Regeln halten? Ist eine Fantasiegeschichte erzählen dasselbe wie Lügen?

Rechtes Handeln: Den Sinn für »Rechtes Handeln« und das Verständnis dafür lernen Erwachsene genau wie die Kinder Schritt für Schritt, indem sie immer wieder Teilaspekte in den Alltag umsetzen. Wir beobachten unser Verhalten, fragen uns: Wie setzen wir selber diesen Wert in die Praxis um? Was ist für uns »rechtes« und was »falsches« Handeln?

Wie gehen wir mit Fehlern um? Wir picken uns Aspekte zum Thema »Rechtes Handeln« einzeln heraus wie zum Beispiel: Selbstständigkeit und Dankbarkeit oder »gute Manieren«. Was heißt für Kinder rechter Umgang mit Zeit und Geld? Wo verschwenden wir unsere Ressourcen? Was passiert, wenn wir mit Spielsachen achtlos umgehen und nach dem Puzzlespielen nicht alle Teile wieder in die Schachtel räumen?

Frieden und Miteinander: Hier eine kleine Sammlung von Teilaspekten, die zum Wert Frieden passen, mit denen wir uns in der Praxis (gerade auch der Spiel-Praxis) auseinandersetzen können: sich versöhnen, verlieren können, dem Gewinner seinen Sieg gönnen, Fehler machen dürfen, teilen, warten, bis man dran ist, Aufmerksamkeit, Ruhe, Konzentration, Zufriedenheit, Toleranz, Ausdauer, Glück, innere Stille, Geduld, sich selbst annehmen, so wie man ist, Selbstdisziplin und Verständnis. Je achtsamer wir mit den einzelnen Teilaspekten lernen umzugehen, desto größer wird die Chance, dass wir Frieden in unserem Alltag leben können. Möglicherweise sind für Sie und die Kinder noch ganz andere Aspekte wichtig.

Liebe zeigt sich manchmal als Herzenswärme, Geborgensein, Zärtlichkeit, Zuneigung, Empathie, Liebenswürdigkeit, Mitgefühl oder Freundschaft. Liebe wächst, indem wir sie verschwenden. Gehen wir verschwenderisch um mit unserer Liebe. Geliebt zu werden und selber zu lieben gehört zu den elementarsten Bedürfnissen der Kinder. Damit sich die Kinder zu seelisch gesunden Persönlichkeiten entwickeln, schaffen wir ihnen ein Klima von Wohlwollen, Wärme und Geborgenheit. In diesem Umfeld können sie ihre eigene Liebesfähigkeit entwickeln. In der Sprache der Kinder kann das etwa heißen: Freude – Ich tanze zu Musik und klatsche in die Hände! Geborgenheit – Papa trägt mich huckepack. Herzenswärme – Wenn die Oma lächelt, wird mir warm ums Herz. Geduld – Die Vogelmutter muss lange brüten, bis die jungen Vöglein ausschlüpfen! Teilen – In der Puppenecke teile ich die Spielsachen mit meiner Freundin. Ehrfurcht – Mit Mama staune ich, wie viele Sterne der Nachthimmel hat!

Gewaltlosigkeit: Gewalt darf kein Mittel der Auseinandersetzung mit anderen sein. Wir leben heute in einer Zeit, da Jugendgewalt zunimmt und Kriminalität an der Tagesordnung ist, was schon kleine Kinder laufend über die Medien quasi nebenbei mitbekommen. An Schulen sind Erpressung, Diebstahl, Prügel und raue Sitten nichts Ungewöhnliches. An unzähligen Kriegsschauplätzen ist Töten, Foltern und Verletzen etwas Alltägliches.

Die »Erklärung des Weltethos« des Parlamentes der Weltreligionen, Chicago 1993, stellt den Weltfrieden und die Gewaltlosigkeit in einen direkten Zusammenhang und sagt dazu: »Wer über die Welt und sich selber nachdenkt, merkt, dass alles, was ihn umgibt, Pflanzen, Tiere, Mitmenschen, genau gleich am Leben hängt wie er selber. Wer das begriffen hat, muss ihnen allen in Liebe begegnen. Aus Achtung vor Gott, der jedem Wesen das Leben schenkt, damit es seine Aufgabe erfüllen kann, gilt es, jedem Achtung entgegenzubringen und ihm zu seiner Erfüllung zu verhelfen. Das ist das dem Menschen schöpfungsgemäß angemessene richtige Verhalten. Wer das tut, handelt gut.«

Wenn Gewalt auftritt, sollten wir so oft wie möglich das Gespräch suchen mit den Kindern und gemeinsam Lösungen suchen. Das soll aber nicht heißen, dass wir aus falsch verstandener Harmoniesucht jeglichen Streit im

Kinderalltag unterdrücken oder spontane Rollenspiele, in denen Gewalt »zum Schein« vorkommt, verurteilen. Oft können Kinder ihre Wut, ihre Entrüstung und ihre Frustrationen nur im Spiel ausleben, abreagieren und lösen. Solange es beim »Tun als ob« bleibt, ist das schon ein großer Schritt in die richtige Richtung. Es ist ein deutlicher Unterschied, ob ein Kind etwa im Spiel seine Puppe ersatzweise schlägt, weil es eifersüchtig auf sein kleines Geschwisterchen ist, oder ob es tatsächlich auf das Baby einschlägt! Im Kinderspiel sind starke Heilkräfte verborgen. Vertrauen wir ihnen.

Computerspiele, Fernsehen & Co.

Am Thema Medien kommen Eltern und Erziehende heute nicht mehr vorbei. Es stellt Familien mit Vorschul- ebenso wie mit Schulkindern vor große Herausforderungen. Da Kinder mit den neuen Medien und Geräten wie Computer, Playstation, Internet und Handy ganz »normal« aufwachsen, entwickeln sie einen Zugang zu ihnen, der anders ist als der unsere. Im Gegensatz zu manchen Eltern bewegen sie sich in den elektronischen, digitalen und virtuellen Welten mit beneidenswerter Leichtigkeit. Manchmal werden Kinder und Jugendliche heute als »*digital natives*« bezeichnet, als »digitale Muttersprachler«, während die ältere Generation sich innerhalb der digitalen Medien eher wie in einer mehr oder minder vertrauten Fremdsprache bewegt.

Das heißt für Erwachsene: Wenn sie Kinder in virtuellen Welten begleiten möchten, um ihnen Medienkompetenz zu vermitteln, müssen sie sich damit auseinandersetzen und über die technischen Gegebenheiten und Umstände der modernen Medien mehr wissen und können, um diese selber zu begreifen, zu bedienen und im passenden Moment einzusetzen.

Medienerziehung: Was zu beachten ist

Zu früher und zu viel elektronischer und digitaler Medienkonsum und stundenlanges Medien-Spielen kann kleine Kinder behindern, all ihre Sinne in einem natürlichen Tempo auszubilden wie: hören, sehen, riechen, schmecken, tasten, sich bewegen von Kopf bis Fuß, den Gleichgewichtssinn aufbauen oder eine reiche Sprache entwickeln! In passivem Medienkonsum liegt immer auch ein Suchtpotenzial. Professor Manfred Spitzer geht in seinem Buch *Vorsicht Bildschirm* sogar so weit zu sagen:»Fernsehen macht Kinder dick, dumm und aggressiv.«

Förderspiele am Bildschirm?

Viele Hersteller locken mit vollmundigen Versprechungen, wie viel Kinder an Lern- oder Förderspielen am Computer oder Gameboy lernen könnten. Doch vor dem»Be-Greifen«braucht es das»Greifen«! Rein kognitives oder abstrahierendes Verstehen kann sich nicht ausbilden ohne tatsächliche, handfeste Erfahrungen. Kinder, die schlecht rückwärts gehen können, tun sich beispielsweise auch schwerer beim Subtrahieren – die abstrakte mathematische Aktion nachzuvollziehen ist viel schwerer für den, der die Bewegung nicht im eigenen Körper verankert hat.»Mit jeder Stunde, die Kinder vor dem Computer verbringen, fehlt ihnen eine Stunde, um ihr Gehirn für die Anforderungen im wirklichen Leben weiterzuentwickeln«, mahnt der Hirnforscher Prof. Dr. Gerald Hüther. Turnen, musizieren, Fingerspiele, die Natur entdecken – all das ist weitaus geeigneter, um Kinder zu fördern.»Kinder und Jugendliche brauchen Aufgaben, an denen sie wachsen und neue Erfahrungen machen können. Sie brauchen auch Anregungen und Gelegenheiten, um ihre sportlichen oder künstlerischen Talente zu entwickeln und Eltern, die ihnen Liebe, Geborgenheit und Orientierung geben«, meint Hüther. Eltern sollten möglichst viele alternative Spielformen anbieten, die eine anregende Umgebung schaffen.»Normales« Kinderspiel ist mit seiner sinn- und gefühlsanregenden Vielfalt der beste Schutz gegen Fernsehschäden und elektronische Mediensucht.

Kinder sehen anders

Kinder nehmen Fernsehbilder und Medieninhalte anders wahr als Erwachsene, sie fürchten sich vor anderen Dingen und haben an anderen Sachen Spaß. Sie begreifen oft den Zusammenhang der Geschichte nicht, weil die Bildfolgen zu schnell sind oder inhaltliche Sprünge passieren, die Kinder noch nicht begreifen. Beispielsweise lässt sich in Untersuchungen zeigen: Wenn ein Hase in einem Tunnel verschwindet und auf der anderen Seite wieder herauskommt, glauben kleine Kinder, dass es sich um eine andere Figur handelt. Auch schrille, laute und unheimliche Töne und Musik können Angst auslösen.

Beobachten Sie Ihr Kind, wenn es sich mit Medien beschäftigt. Nehmen Sie an seinen Empfindungen und Wahrnehmungen Anteil. Lassen Sie sich erzählen, was es gesehen hat, was ihm besonders gut gefällt und was es »blöd« findet oder ihm Angst einflößt. Bieten Sie Ihrem Kind immer wieder Gelegenheiten, die Mediengeschichten im Rollenspiel darzustellen oder beim Malen und im Freispiel zu verarbeiten. Beobachten Sie die Gefühle und Reaktionen des Kindes auf die gesehene Sendung. Begleiten Sie Ihr Kind durch Zuhören und klärende Gespräche.

Kreativer Umgang mit Medien

- Sinnvoll sind besonders Aktivitäten, die dem isolierten Vor-dem-Bildschirm-Hocken entgegenwirken und die eigenes Gestalten fördern wie z. B.: Wir machen die Kinder mit der Digitalkamera vertraut und stellen ihnen kleine Fotoaufgaben wie: Wo wohne ich? Was ist mein Lieblingsbaum? Wer fotografiert ein Tier? usw. Anschließend laden wir die Fotos auf den PC und drucken sie aus. Die Kinder kleben ein Fotoalbum oder ein Gemeinschaftsbild.
- Wir gestalten mit den Kindern gemeinsam ein kleines Hörspiel mit Dialogen und Geräuschen oder nehmen wie ein Reporter Gespräche auf.

- Wir brennen zusammen eine CD mit der Lieb-lingsmusik jedes Kindes und stellen auch ein schönes Cover her.
- Wir schauen uns gemeinsam DVDs an. Hier ein sinnvolles Beispiel: Jiriki geht seit Kurzem in die erste Klasse. Er ist sehr neugierig und wissens-durstig. Er wünscht sich DVDs, die zeigen, »wie es innen aussieht«. Er hat schon zwei bekommen: Die eine zeigt, wie ein Flugzeug aufgebaut ist und funktioniert, und die andere erzählt das Gleiche von einem Schiff. Er ist hell begeistert und jeder, der ins Haus kommt, muss mit ihm diese DVDs anschauen und darüber sprechen.
- Schulreife Kinder dürfen gelegentlich auf dem PC Kinderspiele machen oder Bilder ausmalen.
- Selbstverständlich gehören Kinder- und Bilderbü-cher zum täglichen Leben!

Kein mediendominanter Tagesablauf

Wählen Sie gemeinsam mit den Kindern aus, welche Sen-dungen sie sehen dürfen. Auch wenn es Kinderkanäle gibt, die den ganzen Tag Kinderprogramme ausstrahlen, heißt das noch lange nicht, dass die Kinder stundenlang und täg-lich vor der »Flimmerkiste« sitzen müssen oder dürfen!

Treffen Sie klare, unverrückbare Regelungen, wer wie lange und wie oft am Computer sitzen und Fernsehen oder Video ansehen darf. Geben Sie für kleine Kinder nie die

Fernbedienung aus der Hand. Sie behalten damit sozusagen die »Schlüsselgewalt« über das Fernsehgerät und ersparen sich damit viele unnütze Diskussionen.

Nehmen Sie beliebte und wertvolle Sendungen oder kurze Kinderfilme auf, denn Kinder lieben Wiederholungen. Die Kinder können dann ihre Lieblingssendung öfter ansehen, wann und wie es ihnen passt. Es ist besser, sich eine Sendung immer wieder anzusehen als in der gleichen Zeit viele unterschiedliche Sendungen, denn die Wiederholung trägt zum besseren Verständnis bei.

Bei allen Untersuchungen zu kindlichen Freizeitwünschen standen Aktivitäten mit Eltern oder mit Freunden an erster Stelle. Kinder brauchen viel Bewegung, sinnliche Wahrnehmungen und direkten sprachlichen Austausch, um sich gesund zu entwickeln. Darum ist es an uns, darauf zu achten, dass sie nicht »Couchpotatoes« werden! Digitale Medien dürfen nie den gesamten Tagesablauf der Kinder bestimmen. Darum sind Erwachsene gefordert, klare Regelungen und Absprachen zu treffen.

Wie viel Medienkonsum darf es sein?

- Für Zwei- bis Vierjährige empfiehlt sich eine kurze Sendung von zehn Minuten bis zu einer halben Stunde, aber nicht täglich! Das Zuschauen oder Zuhören wird einfacher für die Kleinen, wenn sie sich dazwischen frei bewegen können und Fragen stellen dürfen.
- Für Vier- bis Fünfjährige sind auch kleine Hörspiele auf CD interessant. Am Anfang gönnen wir uns ein gemeinsames Zuhören, tauschen Gedanken dazu aus und regen die Kinder an, das Gehörte nachzuspielen.

- Gute Kinderradiosendungen (beispielsweise »Lilipuz« oder »Bärenbude«, beide WDR 5) liefern ausgewählte kindgerechte Hörspiele und Informationen.
- Für Fünf- bis Siebenjährige empfiehlt sich eine bis höchstens zwei Sendungen, maximal 45 Minuten, nicht täglich. Wenn möglich sehen wir uns die Sendungen gemeinsam an. Spaßiges und Seltsames lässt sich besser verarbeiten, wenn ein Elternteil daneben sitzt.
- Hin und wieder schauen wir uns einen kleinen Spielfilm gemeinsam an. Es können auch Familienaufnahmen sein.
- Nutzen Sie bei einem Video oder einer DVD auch die Möglichkeit, eine Pause einzulegen! Das gibt Raum, sich über das Gesehene zu unterhalten, sich etwas zu bewegen oder ein Glas Wasser zu trinken.

Machen Fernsehen und Computerspiele gewalttätig?

Momentan gibt es auf der Erde so viel Gewalt, Verbrechen und Kriege, sodass wir die Kinder so wenig wie möglich mit zusätzlicher Gewalt aus den Medien »füttern« sollten. Kinder fragen nach dem Sinn des Lebens und nach Gott. Sie fragen: Warum muss der sterben? Warum tun die Bösen das? Wäre das auch bei uns möglich? Dadurch sind Eltern und Erziehende herausgefordert und suchen nach Antworten. Wir möchten die Kinder ja nicht in Angst und Schrecken erziehen, sondern zu Hoffnung und Vertrauen. Das hat mit falsch verstandener »heiler Welt« nichts zu tun. Kinder brauchen eine altersgemäße Hilfestellung, um gesund und stark in die Welt hineinzuwachsen, sie brauchen gerade im Vorschulalter sicher nicht täglich TV-Nachrichten mit brutalen, grässlichen Bildern und vor dem Einschlafen keine Krimis mit Mord und Totschlag.

Der Zen-Meister Thich Nhat Hanh schreibt in seinem Buch *Zeiten der Achtsamkeit* zur Problematik des Fernsehens für Erwachsene und Kinder:

»Wir schalten den Fernsehapparat ein, lassen ihn laufen und erlauben, dass andere Menschen uns führen, formen und zerstören. Wenn wir uns derart verlieren, legen wir unser Geschick in die Hände anderer, die womöglich verantwortungslos handeln. Wir müssen aufpassen, welche Sendungen unserem Nervensystem und Geist, unserem Herzen schaden – und welche uns gut tun.«

Über den tatsächlichen Einfluss gewalttätiger Bilder auf Kinder streiten sich die Experten. Sicher ist jedoch ein Kind, das in einem stabilen, liebevollen Umfeld aufwächst, das sich selbst und seinen Körper in vielfältiger Weise ausprobieren und erfahren darf, das reale Herausforderungen und Abenteuer bestehen kann und Erfolgserlebnisse hat, weit weniger gefährdet, computersüchtig zu werden oder an gewalttätigen Bildern und Computerspielen Schaden zu nehmen. Machen wir uns klar, was unsere Kinder an den virtuellen Welten eigentlich so fasziniert – und übernehmen wir dann die Verantwortung dafür, Kindern und Jugendlichen ein Umfeld zu bieten, das ihren Bedürfnissen wirklich gerecht wird. Im Spiel, das die Sprache des Herzens kennt, kann das wunderbar gelingen.

Geschenkratgeber

Tipp für Eltern: Zu Geburtstagen und an Weihnachten werden die meisten Spielsachen verschenkt. Lassen wir uns nicht durch Hast und Eile im vorweihnachtlichen Gedränge und durch das übergroße Angebot in den Läden zu gedankenlosen, unüberlegten Einkäufen verleiten! Grundsätzlich sollte man den Kindern nicht nur an Weihnachten Spielsachen schenken! Durch ein zu großes Spielzeugangebot werden die Kinder überfüttert. Kleine Spielanregungen, übers ganze Jahr verteilt, steigern die Spielfreude und fördern sowohl die Konzentration als auch Ausdauer.

Dieses Spiel-Buch möchte ich beenden mit einem Geschenkratgeber. Er soll Eltern, Großeltern und Erziehenden eine Hilfe sein bei der Wahl des passenden Geschenkes. Selbstverständlich darf es auch Zeit sein für einen Zoobesuch, einen Sonnenaufgang oder gemeinsames Backen. Ein Buch vorlesen, ein Theaterbesuch, einen Nachmittag schwimmen gehen oder »Zwerge suchen« im Wald, Faschingskleider nähen oder eine Tücherkiste zusammenstellen – all diese Dinge können ein weit reicheres Geschenk sein als noch eine Puppe oder das nächste Rennauto.

Beim Spielzeugkauf zu beachten

Das ausgewählte Spielzeug muss für das betreffende Kind auch wirklich Spielwert besitzen und spielanregend sein. Vor der Spielzeugauswahl sollte man sich etwa folgende Fragen stellen:

■ Wie kann das vorhandene Spielzeug am besten ergänzt werden? Es muss nicht immer etwas grundlegend Neues sein. Wir können vorhandenes und bewährtes Spielzeug vermehren oder mit Zubehör (auch selbst gemacht) ergänzen: Bausteine, Konstruktionsmaterial, Bäume und Häuser, Schienen und Weichen zu einer Bahn, Puppenkleider, einen Kochherd, kleines Geschirr, einen Puppenwagen, mehr Tiere für den Stall oder Fahrzeuge.

- Welches Spielbedürfnis zeigt das Kind im Moment? Möchte es etwas zum Liebhaben? Hat es zurzeit Freude am Bauen und Konstruieren? Malt und bastelt es begeistert? Hat es Interesse an Nachahmungs- und Rollenspielen? Braucht es Spiele, die Bewegung und Geschicklichkeit fördern?
- Wer als Außenstehender ein Spielzeug schenken will, hat es meist schwerer als Eltern. Die Frage »Was würde den Kindern Freude machen, gerade jetzt und nicht nur wegen Weihnachten?« lässt sich leichter beantworten, wenn man die Kinder täglich beim Spielen erlebt. Darum sollte man unbedingt mit den Eltern Kontakt aufnehmen, sich über die Wünsche orientieren und besprechen, ob man gemeinsam etwas Kostspieligeres schenken will oder ob jeder etwas Kleineres aussucht.
- Wie weit ist die Entwicklung des Kindes fortgeschritten? Nur das rechte Spielzeug zur rechten Zeit macht Freude! Ein Bobby-Car ein halbes Jahr zu früh geschenkt, wenn die Füße noch nicht auf den Boden reichen, schafft ebenso Frust wie das schönste Tier-Bilderbuch, wenn gerade allein Ritter und Polizei Aufmerksamkeit finden.
- Wo soll das Spielzeug verwendet werden? Ist es für das Spiel im Zimmer oder im Freien gedacht? Je nachdem muss es wasserfest und wetterbeständig sein.
- Ist das Spielzeug für ein oder mehrere Kinder gedacht? Auch diese Frage kann den Einkauf beeinflussen.

- Wünscht sich das Kind nicht Spielzeug, sondern »Zeug zum Spielen«? Darf es eine Taschenlampe sein, eine Lupe, ein Sack Nägel, Bretter und ein Hammer, Nähzeug, Stoff und Schere, Leim, Büroklammern?

Ein »teures« Spielzeug kann auf lange Sicht »billiger« sein, wenn es über Jahre zu gebrauchen ist und von mehreren Kindern verwendet werden kann. Auf Qualität ist beim kleinsten Spielzeug-Einkauf zu achten: Ein schlecht genähtes Puppenkleid frustriert genauso wie ein Auto, dem ständig alle Räder abfallen! Enttäuschung ist für Kinder der größte Spielverderber! Der Gang ins Fachgeschäft lohnt sich. Es bietet Beratung, Garantieleistung, Ersatzteilservice und Reparaturmöglichkeit.

Anstelle eines Nachworts

Von A bis Z mit Susanne Stöcklin-Meier

Es ist wichtig, dass Kinder teilhaben an den Erfahrungen, Erlebnissen und Erinnerungen der Erwachsenen in ihrem Leben. Wie wäre es mit einem gemeinsamen »Lebens-ABC«? Wir durchwandern das Alphabet und finden zu jedem Buchstaben einen Begriff, anhand dessen wir etwas aus unserem Leben erzählen. Die Erwachsenen können beginnen, damit die Kinder das Prinzip verstehen, dann sind die Kleinen dran. Oder die ganze Familie oder Kindergruppe trägt zu jedem Buchstaben gemeinsam etwas bei. Wer mag, malt die Anfangsbuchstaben von A bis Z schön verziert auf ein großes Stück Papier und schreibt den kleinen Text daneben.

Für alle, die mich noch ein bisschen besser kennenlernen möchten, zum Abschluss hier mein eigenes ABC.

Angefangen mit Schreiben habe ich als freie Journalistin mit Beiträgen über Spiel, Spielzeug, Pädagogik, Brauchtum, Kinderfeste und Bastelideen in verschiedenen Veröffentlichungen wie in *wir eltern*, der *Schweizerische Kindergarten*, den *Basler Nachrichten* und der *NZZ Sonntagsbeilage*. Spiel, Sprache und Bewegung waren immer meine Themen.

Bücher: Mein erstes Buch hieß *Lebendiges Kreisspiel*, das zweite *Verse, Sprüche und Reime*. Dadurch bin ich zum Sammeln gekommen. Meine Mitmachbücher richten sich an Eltern, Erziehende und natürlich an alle Kinder von zwei bis acht Jahren. Sie sind eine Fundgrube für Großeltern, Spielgruppen, Krippen, Kindergarten, Grundschulen, Mutter-Kindturnen usw. Die Verse, Sprachspiele, Tändeleien, Fantasiereisen, Kreisspiele, Märchen und Geschichten eignen sich für das Spiel in der Gruppe, zu zweit oder alleine. Alle Spiele sind aus der Praxis für die Praxis entstanden und mit wenig Aufwand problemlos in den Alltag umzusetzen. In den letzten dreißig Jahren sind um die dreißig Titel von mir erschienen. Die meisten kann man in Schweizerdeutsch und Hochdeutsch lesen, manche wurden ins Holländische, Ungarische, Polnische, Spanische und sogar ins Koreanische übersetzt. Über eine Million Bücher zirkulieren in Familien, Kindergärten und Grundschulen.

Computer: Diesen Zauberkasten habe ich erst mit sechzig Jahren entdeckt und könnte mir heute ein Leben ohne ihn kaum mehr vorstellen: schreiben, E-Mail lesen und verschicken, Fotos und Videos anschauen sowie Sachen suchen im Internet. Er öffnet mir im Dorf das Tor zur weiten Welt.

Dorf: Small is beautiful! Ich finde das Leben im Dorf wundervoll; es ist überschaubar, jeder kennt jeden. Beim Durchstreifen der Landschaft erlebt man alle Veränderungen und Jahreszeiten intensiv. Mein Vater, der Schriftsteller Gerhard Meier, sagte: »Nur als Provinzler kann ich Weltbürger sein.« Zum Sammeln und Schreiben war für mich Diegten, wo ich seit jungen Jahren lebe, ideal.

Erziehung: Ich möchte Kinder nicht in eine Richtung »ziehen« und dadurch verbiegen, sondern wie Fröbel »nachschreitend begleiten«. Ich spreche Kopf, Herz und Hand an und lasse Kinder so viele Erfahrungen wie möglich selber machen.

Familientraditionen und immer wiederkehrende Feste wie Weihnachten, St. Nikolaus, Geburtstage und Ostern schenken Kindern Geborgenheit. Im Frühjahr, wenn die ersten Schneeglöcklein auf der Wiese blühten, mixte Vater einen Milchkaffee im Thermoskrug, wir trugen alle eine Tasse, stellten uns im Kreis um die ersten Blumen und tranken dem Frühling zu Ehren schweigend einen Milchkaffee. Noch heute, wenn ich irgendwo Schneeglöcklein entdecke, liegt Kaffeeduft in der Luft ...

Glück: Geboren wurde ich 1940 in Wangen an der Aare, als Tochter des Schriftstellers Gerhard Meier und seiner Frau Dorli. Aufgewachsen bin ich später in Niederbipp in einem 400 Jahre alten Bauernhaus mit zwei Geschwistern. Eine ideale Umgebung für eine glückliche Kindheit. Wir drei spielten im Stall, auf der Heubühne, im Garten und am Bächlein. Ich las meine ersten Bücher auf einem Apfelbaum. Wir legten uns sommers ins Gras und träumten den vorbeiziehenden Wolken nach. Wir waren Selbstversorger, halfen beim Heuen, Jäten, Kirschenpflücken und Misten der Kaninchen.

Humor: Ohne Humor ist ein Leben mit Kindern für mich undenkbar. Humor ist, wenn man auch über sich selber lachen kann. Für mich gibt es nichts Schöneres, als wenn ich beim Spielen mit Kindern ihren verschmitzten Schalk aufblitzen sehe und herzlich mit ihnen lachen kann.

Illustratorinnen meiner Bücher: Lisa Gangwisch verzaubert Naturspielzeug in märchenhafte Elfen und Zwerge. Die Bilder von Vera Eggermann wirken wie farbige Kinderzeichnungen. Die lettische Künstlerin Anita Kreituse hat mein Märchenbuch mit dreißig wundervollen Bildern bereichert. Und Liliane Oser lässt vergnügt spielende Kinder auf den Seiten tanzen.

Ja: Kinder sollten bis zum Alter von drei Jahren verstanden haben: Es gibt »Ja« und »Nein«! Sachen, die darf man, und Sachen, die darf man nicht. Diese erlebten Begriffe sind die Grundlage für ein gesundes soziales Verhalten. Wer mit drei ein klares »Ja« nicht von einem »Nein« unterscheiden kann, bekommt soziale Probleme in der Gruppe.

Kindergärtnerin: Meine Ausbildung zur Kindergartenpädagogin machte ich im Kindergartenseminar Marzili Bern. Als junge Erzieherin arbeitete ich in Diegten, einem Dorf im Kanton Baselland, wo ich heute noch mit meinem Mann lebe. Unsere zwei erwachsenen Töchter sind längst ausgeflogen.

Lieblingsbeschäftigung: Mit meiner Familie und Freunden zusammensitzen, Gedankenaustausch, gemeinsam fröhlich sein, lachen, essen, trinken. Museen durchstreifen. Im Garten arbeiten und mich an der Farbenpracht der Blumen freuen. Musik hören, lesen. In ferne Länder reisen. Mit Kindern philosophieren, spielen und staunen.

Märchen: In Märchen, Mythen und Sagen ist weises Wissen verborgen. Es läuft wie ein goldener Faden durch alle Kulturen und Zeiten. Märchen bauen eine Brücke zum Schatz der Fantasie und verknüpfen die Wirklichkeit mit der unsichtbaren Welt. Ich liebe ihre märchenhafte Ausstrahlung.

Naturspielzeug: Die Blüte verwandelt sich zum Schmuckstück, die Baumrinde in ein Schiff, ein Grashalm zur Flöte, die Mohnblume zur Puppe. Der natürliche Rhythmus der Pflanzenwelt lässt die Kinder den Jahresablauf bewusst erleben.

Oma und Opa: Gute Großeltern sind Gold wert. Sie vermitteln ihren Enkeln Traditionen, Märchen und Werte ihrer reichen Lebenserfahrung.

Prägende Eindrücke: Erfahrungen aus Neuseeland konnte ich in den Geschichten mit der kleinen Su, ihren Zwergen und Farbelfen in *Kinder brauchen Geheimnisse* und *Unsere Welt ist bunt!* festhalten, ebenso Legenden der Maoris und Märchen aus Indien.

Qualität: Für mich ist Qualität wichtiger als Quantität. Für Kinder ist nur das Beste gut genug.

Regeln: Kinder brauchen Regeln, sie geben im Alltag Struktur und vermitteln Sicherheit. Regeln müssen sinnvoll sein. Es gibt Regeln, über die wir mit den Kindern verhandeln können, die sich verändern lassen, und solche, die einfach so sind, wie sie sind.

Spielen: Ein Kind spielt in den ersten sechs Lebensjahren rund 15.000 Stunden. Es lernt die Welt spielend mit allen Sinnen kennen. Deshalb ist es so wichtig, dass wir dem Kinderspiel wohlwollende Achtung entgegenbringen. Spiel ist die dem Kinde eigene Form zu leben.

Tätigkeit international: Vorträge in Deutschland, Österreich, Südtirol, Ungarn, Holland, Schweden, Griechenland und Frankreich. Langjährige Mitarbeit im Ausschuss »Spiel Gut« in Ulm, im Kuratorium der »Internationalen Pädagogischen Werktagung« der Universität Salzburg und Teilnahme an Kongressen des ICCP (International Council for Childern's Play – Internationaler Rat für Kinderspiel und Spielzeug). Diese internationalen Treffen brachten mir viele Anregungen und gute Kontakte zu Fachleuten, Forschern und Autoren im Bereich Spiel, Spielzeug, Pädagogik, Bewegung und Hirnforschung.

UNESCO: Die Kommission Schweiz hat mich 2009 als Autorin ausgezeichnet: »Für die lebenslange Leistung, das immaterielle Kulturerbe für die Gemeinschaft der Kinder gesammelt zu haben, in Büchern und Vorträgen. Dadurch wurde dieses geistige Kulturgut von einer Generation zur anderen weitergereicht und lebendig erhalten. Denn Reime, Sprüche, Märchen und Spiele bilden das gemeinsame Erfahrungsfeld der Kinder, auf dem sie ihre Identität aufbauen, die gemeinsamen Referenzen, die ihnen erlauben, als Kinder, aber auch als Jugendliche und als Erwachsene, in einem multikulturellen Umfeld ihren Weg zu finden und ihren Platz einzunehmen.«

Verlage: Meine Bücher sind im Laufe der Jahre bei mehreren Verlagen erschienen, so etwa bei wir eltern, orell füssli, atlantis, AT-Verlag, pro juventute, Ravensburger und Kösel, meinem Lieblingsverlag.

Weisheit: Ich möchte im Alter so weise werden wie die weise Frau im Märchen und meine Liebe und Erfahrung zum Kinderspiel mündlich und schriftlich weitergeben, damit diese Schätze lebendig bleiben von einer Generation zur nächsten. In meinen Vorträgen und Spielseminaren erreiche ich oft schon die dritte Generation. Die Frauen erzählen zum Beispiel: »Meine Mutter hat schon nach Ihrem Faltbuch gefaltet, mir Faltgeschichten erzählt und meine Kinder falten nun Berge von Papierschiffchen und Hüten. Sie sind so begeistert von diesem Faltbuch, dass sie es mit ins Bett nehmen!«

X-mal wiederholen Kinder traditionelle Fingerverse, Rätsel, Märchen, Faltformen, Kreis- und Tanzspiele. Durch die lustbetonte Wiederholung prägten sie sich im Gehirn der Kinder ein und hinterlassen eine lebendige Erinnerungsspur. Sie löst Wohlbefinden und Ich-Stärke aus.

Yo-Yo: Dieses alte, heute wieder weit verbreitete Spiel fördert die Konzentration, die Geschicklichkeit und die Augen-Hand-Koordination. Sehr zu empfehlen für unruhige Kinder! Ich kann mich erinnern, wie mich als Kind diese auf- und abwandernde »Scheibe« faszinierte, die ich mit Hand und Schnur steuern konnte!

Zukunft: Die Zukunft der Kinder geht uns alle an! Verbringen wir so viel Zeit wie möglich mit ihnen. Sie lieben Gespräche, Rituale, erzählen, kuscheln, gemeinsam etwas tun und Feste im Jahreslauf. Dabei entstehen bewusste und unbewusste Erinnerungen. Sie haben heilende Kräfte und sind wertvolle Ressourcen für das zukünftige Leben.

Buchempfehlungen

Gedanken zum Kinderspiel

Marcella Barth, Ursula Markus, Lucie Hillenberg: *Unter Kindern oder wenn kleine Hände uns führen*, Spielgruppenverlag Uster (zu beziehen über: www.spielgruppen.ch)
Hans Fluri: *Spielend erleben*, Berg am Irchel 2001
Maria Luisa Nüesch: *Spiel aus der Tiefe. Von der Fähigkeit der Kinder sich gesund zu spielen*, Büsingen 2004
Susanne Stöcklin-Meier: *Spielen, Bewegen, Selbermachen ... und zusammen lachen*, Zürich 2010

Werteentwicklung im Kinderspiel

Andrea Erkert: *Streiten – Helfen - Freunde sein*, Münster 2009
Jesper Juul: *Was Familien trägt. Werte in der Erziehung*, München 2006
Wilma Osuji: *Die 50 besten Spiele zum interkulturellen Lernen*, München 2010
Susanne Stöcklin-Meier: *Was im Leben wirklich zählt. Mit Kindern Werte entdecken*, München 2008

Spielen im ersten Lebensjahr

Marianne Austermann, Gesa Wohlleben: *Zehn kleine Krabbelfinger. Spiel und Spaß mit unseren Kleinsten*, München 2002
Marianne Austermann, Gesa Wohlleben: *Krabbelfinger werden größer. Spiel und Spaß für Ein- bis Dreijährige*, München 2005
Almuth Bartl: *Babys Spiele-Spaß*, Münster 2007
Monika Hofmann: *Kinder unter 3. Das Praxisbuch für Kita, Spielgruppe & Co.*, München 2010
Remo H. Largo: *Babyjahre*, München 2010

Die ersten Bilderbücher

Nicola Bardola: *Mit Bilderbüchern wächst man besser*, Stuttgart 2009
Charis Brem (Hrsg.): *Unsere Bilderbücher - Was sie alles können*, Stuttgart 2008

Karin Winfried: *Die positive Kraft der Bilderbücher*, Berlin 2006
Ausgewählte Empfehlungen an guten Bilderbüchern unter
www.buecherbabys.de, www.buchstart-hamburg.de und
www.buchstart.ch

Bewegungsspiele in der Wohnung

Angela Dunemann-Gulde: *Yoga und Bewegungsspiele für Kinder*, München 2005
Birgit Kasprik, Susanne Szesny: *Wi-Wa-Wunderkiste*, Münster 2001
Bettina Ried, Gabi Höppner: *Eltern-Turnen mit den Kleinsten*, Münster 1998

Spielsachen zum Liebhaben

Satomi Ichikawa: *Was macht der Bär in Afrika?* Weinheim 2009
Freya Jaffk: *Puppenspiel*, Stuttgart 2009

Spielen im Sand

Detlef Kersten: *Die Sand-Werkstatt: Spannende Experimente mit Sand und Wasser*, Velber 2005
Birgit Laux, Mariana Prohaska: *Erde, Matsch und Stein*, Münster 2008
Marielle Seitz: *Schreib es in den Sand*, München 1999
Gisela Walter: *Erde. Die Elemente im Kindergartenalltag*, Freiburg im Breisgau 2004

Spielen mit Wasser

Jürgen Fritz: *Im, am und mit Wasser spielen*, Mainz 2005
Birgit Laux: *Sonne, Wind & Wasserkraft: In Experimenten und spielerischen Aktionen Klima und Energien erforschen und verstehen*, Münster 2009
Sabine Lohf, Regina Bestle-Körfer, Annemarie Stollenwerk: *Komm, wir gehen raus. Mit Kindern aktiv sein*, München 2009
Gisela Walter: *Wasser. Die Elemente im Kindergartenalltag*, Freiburg im Breisgau 2008

Spiele im Freien

Toni Anderfuhren, Tanja Stéphani: *Das Spielplatzbuch: Wege zu Trauminseln der Kindheit*, Aarau 2007
Fiona Danks: *Spielplatz Natur*, Aarau 2009

Andrea Frommherz: *Naturwerkstatt Steine: Kreatives Spielen und Gestalten mit Steinen,* Aarau 2008

Andreas Güthler, Kathrina Lacher: *Naturwerkstatt Landart: Ideen für grosse und kleine Naturkünstler,* Aarau 2005

Sabine Lohf, Regina Bestle-Körfer, Annemarie Stollenwerk: *Komm, wir gehen raus. Mit Kindern aktiv sein,* München 2009

Alex Oberholzer, Lore Lässer: *Gärten für Kinder,* Stuttgart 2003

Bärbel Oftring: Auf Entdeckungstour im Wald, Kempen 2010

Susanne Stöcklin-Meier: *Naturspielzeug. Spielen mit Blüten, Gräsern, Samen, Früchten,* Zürich 1979

Ballspiele/Murmeln

Johanna Friedl, Kasia Sander: *Das Ballspiele-Buch: Rollen, werfen, fangen, zielen,* Münster 2005

Walter Diem: *Die schönsten Murmelspiele,* Kempen 2004

Das »Kleine-Welt-Spiel«

Antje Bostelmann: *Geschichtensäckchen: Materialien für 1- bis 4-jährige Kinder,* Mühlheim an der Ruhr 2009

Michaela Kronshage, Sylvia Schwartz: *Bewegliche Bilder - bewegte Sprache. Arbeitsmaterial aus den Waldorfkindergärten,* Stuttgart

Brunhild Müller: *Bilderbücher mit beweglichen Figuren. Anregungen und Anleitungen zum Selbermachen,* Stuttgart 1989

Rollenspiel/Kaspertheater

Angelika Albrecht Schaffer: *Theaterwerkstatt für Kinder. 100 und eine Idee rund ums Theaterspielen,* München 2008

Inge Borde-Klein, Marga Arndt: *Puppenspiele,* Berlin 1984

Freya Jaffke: *Puppenspiel für und mit Kindern,* Stuttgart 2009

Ingo Scheller: *Szenisches Spiel. Handbuch für die pädagogische Praxis,* Berlin 1998

A. Weissenberg-Seebohm, C. Taudin-Chabot, Christa Mees-Henny: *Wir spielen Kasperletheater: Die Bedeutung des Kasperlespiel, die Herstellung von Puppen und Bühne und zehn kleine Szenen,* Stuttgart 2010

Vom Sinn der Kreisspiele

Andrea Erkert: *Das Kreisspiele Buch. Temporeiche und ruhige Spielideen für alle Gelegenheiten,* Münster 2007

Susanne Stöcklin-Meier: *Lebendiges Kreisspiel*, Zürich 1992
Gisela Trautwein: *Die schönsten alten Kreisspiele*, Freiburg im Breisgau 2008

Spiele für den Ferienkoffer

Josef Griesbeck: *Die 50 besten Regenwetterspiele*, München 2005
Antje Neumann: *Waldfühlungen. Naturführungen, Aktivitäten und Geschichtenfibel*, Münster 2000
Bärbel Oftring: *Nix wie raus! 111mal Natur entdecken und erleben*, Stuttgart 2010

Gesellschafts-, Denk- und Geschicklichkeitsspiele

Hans Fluri: *1012 Spiele und Übungsformen in der Freizeit*, Schorndorf 2005
Dorothee Kühne-Zürn, Steffen Schneider, Annet Rudolph: *Bei der Arbeit. Logisches Denken: Für Kinder im Vorschulalter*, Esslingen 2006

Sprachspiele

Marianne Austermann, Gesa Wohlleben: *Zehn kleine Krabbelfinger. Spiel und Spaß mit unseren Kleinsten*, München 2002
Marianne Austermann, Gesa Wohlleben: *Krabbelfinger werden größer. Spiel und Spaß für Ein- bis Dreijährige*, München 2005
Wolfgang Hering: *Kunterbunte Fingerspiele: Fantastisch viele Spielverse und Bewegungslieder für Finger und Hände*, Münster 2006
Susanne Stöcklin-Meier: *Sprechen und Spielen*, München 2008
Susanne Stöcklin-Meier: *Eins, Zwei, Drei, Ritsche, Ratsche, Rei*, München 2004
Susanne Stöcklin-Meier: *Verse, Sprüche und Reime für Kinder* (Schweizermundart Sammlung), Zürich 2010
Gisela Walter: *Sprache - der Schlüssel zur Welt*, Freiburg im Breisgau 2009
Eine große Auswahl an Versen und Reimen in verschiedenen Sprachen finden Sie unter
www.buchstart-hamburg.de/zuhause-kinderreime-international.php

Falten und Spielen

Susanne Stöcklin-Meier: *Falten und Spielen. Intelligent durch geschickte Finger*, München 2009

Zeichnen und Malen

Renate Gier: *Die Bildsprache der ersten Jahre verstehen*, München 2004
Gisela Mühleberg: *Kritzeln – Schnipseln – klecksen*, Münster 2000
Marielle Seitz, Rudolf Seitz: *Rot, Gelb, Blau und alle Farben*, München 2008
Marielle Seitz, Rudolf Seitz: *Kreative Kinder*, München 2009

Gestalten mit Material

Isabelle Dietzi: *Krims Krams Kiste*, Zürich 2004
Erich Flückiger: *Handbuch Pausenplatz*. Zumikon 1991
Eva Reuys, Hanne Viehof: *Wir kleistern, kneten, klecksen*, München 2007

Vom Spiel der Farben

Jutta Bauer: *Die Königin der Farben*, Weinheim 2001
Mathilda F. Hohberger: *Klangfarben & Farbtöne: Farben mit allen Sinnen*, Münster 2005
Rudolf Seitz: *Vom Blau, das teilen lernte*, Seelze, 2001
Susanne Stöcklin-Meier: *Unsere Welt ist bunt*, München 2001

Hilfe für die magischen Jahre/Unsichtbare Freunde

Norbert Neuss: *Unsichtbare Freunde. Warum Kinder Phantasiegefährten erfinden*, Berlin 2009
Susanne Stöcklin-Meier: *Kinder brauchen Geheimnisse. Von Zwergen, Engeln und andern unsichtbaren Freunden*, München 2006
Susanne Stöcklin-Meier: *Unsere Welt ist bunt*, München 2001
Susanne Stöcklin-Meier: *Von der Weisheit der Märchen. Kinder entdecken Werte mit Märchen und Geschichten*, München 2008

Die Welt der Märchen

Bruno Bettelheim: *Kinder brauchen Märchen*, München 1999
Vreni Merz: *Die Bibel an der Bettkante. Vorlesegeschichten, Erzählideen, Rituale*, München 2007
Susanne Stöcklin-Meier: *Von der Weisheit der Märchen. Kinder entdecken Werte mit Märchen und Geschichten*, München 2008
Susanne Stöcklin-Meier: *Kinder brauchen Geheimnisse. Von Zwergen, Engeln und andern unsichtbaren Freunden*, München 2006

Rituale im Kinderalltag

Hermine König: *Das große Jahresbuch für Kinder. Feste feiern und Bräuche neu entdecken*, München 2005

Christel Langlotz: *Kinder lieben Rituale. Kinder im Alltag mit Ritualen unterstützen und begleiten*, Ökotopia 2008

Margret Nussbaum: *Jetzt kommt die Glücksfee. 365 Spiel- und Spaßideen für den Familienalltag*, München 2009

Claudia Pfrang: *Das große Buch der Rituale. Den Tag gestalten - Das Jahr erleben - Feste feiern. Ein Familienbuch*, Kösel 2007

Eva Reuys, Hanne Viehoff, Antje Bohnstedt: *Jetzt kommen wir! Wir feiern miteinander: Ideen und Spiele für die 1- bis 3-Jährigen*, München 2008

Susanne Stöcklin-Meier: *Ein Fest zum Geburtstag. Kreative Ideen zum Feiern mit Kindern*, Zürich 2004

Brigitte Wilmes-Mielenhausen: *Mach langsam, kleiner Bär: Zeit haben und entspannen mit Kindern*, Freiburg im Breisgau 2008

Mit Kindern spielerisch Werte entdecken

Jesper Juul: *Nein aus Liebe: Klare Eltern - starke Kinder*, München 2008

Hartmut Kasten: *Soziale Kompetenzen*, Berlin 2008

Armin Krenz: *Kinder brauchen Seelenproviant*, München 2008

Hans Küng: *Die goldene Regel*, Stiftung Weltethos Tübingen 2000

Rosmarie Portman: *Die 50 besten Spiele zu den Kinderrechten*, München 2010

Jan-Uwe Rogge: *Kinder brauchen Grenzen*, Reinbek 2008

Stiftung Weltethos (Hrsg.): *Das Projekt Weltethos in der Schule*, Tübingen 2002 (siehe auch www.weltethos.org)

Susanne Stöcklin-Meier: *Was im Leben wirklich zählt. Mit Kindern Werte entdecken*, München 2008

Computerspiele, Fernsehen & Co.

Wolfgang Bergmann, Gerald Hüther: **Computersüchtig**. *Kinder im Sog der modernen Medien*, Weinheim 2010

Martin Kohn: *Hilfe, mein Kind hängt im Netz. Was Eltern über Internet, Handys und Computerspiele wissen müssen*, München 2010

Manfred Spitzer: *Vorsicht Bildschirm. Elektronische Medien, Gehirnentwicklung, Gesundheit und Gesellschaft*, München 2007

Jens Wiemken: *Computer- und Videospiele - Spielspaß und Gefahren*, Ulm 2008 (erhältlich unter www.spielgut.de)

Viele weitere Informationen, Empfehlungen und Links unter www.schau-hin.info (»Schau hin! Was deine Kinder machen« ist eine Internetseite für Eltern mit Kindern, die die Medienwelt entdecken)

Geschenkratgeber

»Vom Spielzeug zum Spielen«, »Spielen in Bewegung«, »Die spiel gut CD-ROM: Verzeichnis des spiel gut ausgezeichneten Spielzeugs«, Ulm 2009 (alle drei Artikel erhältlich unter: www.spielgut.de)

Quellenangaben

Heinz Stephan Herzka: *Bilderatlas von der Geburt bis zur Schule,* Basel 2001

Bayrisches Staatsministerium für Arbeit und Sozialarbeit in München: *Der Bayrische Bildungs- und Erziehungsplan für Kinder in Tageseinrichtungen bis zur Einschulung,* Weinheim und Basel 2006

Kanton Basel-Landschaft: *Stufenplan Kindergarten,* Liestal 2003

Fachzeitschrift *Unsere Kinder:* »ZeitRaum Kindergarten«, Linz 2005

Fachzeitschrift *Unsere Kinder:* »EntwicklungsRaum Kindergarten«, Linz 2005

Fachzeitschrift *Unsere Kinder:* »LebensRaum Kindergarten«, Linz 2006

Bundesministerium für Unterricht und Kunst: *Buch, Partner des Kindes,* Wien 1978

Bundesministerium für Unterricht und Kunst: *Spiel, Baustein des Lebens,* Wien 1976

Susanne Stöcklin-Meier
bei Kösel

ISBN 978-3-466-30789-0

Kreative Sprachförde-
rung für Kindergarten-
und Grundschulkinder

ISBN 978-3-466-30750-0

Das große Faltbuch:
Intelligent durch geschickte
Finger

ISBN 978-3-466-30638-1

Der Bestseller:
Mit Kindern Werte
entdecken

ISBN 978-3-466-30802-6

Kinder entdecken Werte mit
Märchen und Geschichten

003